10 Einfache englische Kurzgeschichten für Anfänger

von Berta Ziebart

A2 zweisprachiges englisch-deutsches Buch - Mit nebeneinander angeordneten Übersetzung -Paralleler text - Bilinguales Buch

Als Bonus biete ich Ihnen eine zweisprachige Erzählung "Das Gespenst von Canterville" des irischen Schriftstellers Oscar Wilde.

Einleitung

Die Geschichten sind besonders geeignet zum Englisch lernen da sie auch nach mehrmaligem Lesen nicht langweilig werden.

Der englische Text und die deutsche Übersetzung sind in diesem Buch in Spalten satzweise nebeneinander angeordnet (Paralleler Text, Zweisprachig).

Ihre Vorteile

• Sie können sofort kontrollieren ob Sie etwas verstanden haben ohne lange suchen zu müssen

• Sie können so den englischen Text lesen und brauchen nur kurze Zeit um eine fehlende Übersetzung zu finden. So geraten Sie nicht aus dem Lesefluss und können die Geschichte wirklich genießen.

• Die sinngemäße Übersetzung orientiert sich sehr dicht am Original.

• Dies macht eine Zuordnung von Deutsch - Englisch einfach.

• Das Buch hat einen Wortschatz von zirka 1000 Wörtern auf Niveau A1/A2 des GER.

• Zum Englisch verbessern, Englisch auffrischen oder einfach Englisch lesen. (Umfangreicher Wortschatz)

Extensives Lesen und Englisch lernen mit parallelen Texten: Warum?

Extensives Lesen bedeutet hier Lesen, sehr viel Lesen in einer Fremdsprache. Dabei kommt es nicht darauf an jedes Wort zu verstehen sondern der Handlung zu folgen und herauszufinden was als nächstes passiert. Der Spaß am Lesen steht im Vordergrund. Kato Lomb, eine ungarische Dolmetscherin die viele Sprachen fließend beherrschte, beschrieb in ihrem Buch „Wie lerne ich jede Sprache" wie sie extensives Lesen benutzte um schnell ihren Wortschatz zu erweitern.

Der amerikanische Linguist Stephen Krashen bezeichnet extensives Lesen als das wirksamsten Mittel zum Spracherwerb und veröffentlichte viele Artikel zu diesem Thema.

Story 1: A Girl Causes Trouble Between Friends
Geschichte 1: Ein Mädchen sorgt für Ärger unter Freunden

Jonathan and Jay are two **teenage** boys. They have been friends since they were in **primary school**. Jonathan has two older brothers. Jay is an **only child** in the family and he is very **shy**.

They **met** on their very first day of **first grade**. Jay was **crying** because he was **feeling lost** in the big new school. Jonathan is friendly and **outgoing**, and he has a kind heart. When he saw Jay crying, he went to him **to console** him.

He put his arm around Jay and said, "Hey, don't cry. It's okay. Why don't you come and sit with me?"

He took Jay by the hand and **led** him to the seat next to his. When Jay had stopped crying, the two boys started **chatting**. They **got on well together** and have been best friends ever since.

Jonathan und Jay sind zwei Jungen im **Teenageralter**. Sie sind Freunde, seit sie in der **Grundschule** waren. Jonathan hat zwei ältere Brüder. Jay ist ein **Einzelkind** in der Familie, und er ist sehr **schüchtern**.

Sie **trafen** sich an ihrem allerersten Tag in der **ersten Klasse**. Jay **weinte**, weil er sich in der großen neuen Schule **verloren fühlte**. Jonathan ist freundlich und **aufgeschlossen**, und er hat ein gutes Herz. Als er Jay weinen sah, ging er zu ihm, um ihn zu **trösten**.

Er legte seinen Arm um Jay und sagte: "Hey, nicht weinen. Ist ja gut. Warum kommst du nicht und setzt dich nicht zu mir?"

Er nahm Jay bei der Hand und **führte** ihn zu dem Sitz neben seinem. Als Jay aufgehört hatte zu weinen, begannen die beiden Jungen zu **plaudern**. Sie **verstanden sich gut** und waren seither beste Freunde.

to cause sb. trouble – jdm. Ärger bereiten; to cause – verursachen, bewirken, hervorrufen, veranlassen; trouble – das Problem, die Schwierigkeit, die Störung, die Mühe
teenage – das Teenageralter
primary school – die Grundschule, die Primarschule; primary – grundlegend, primär, hauptsächlich
only child – das Einzelkind, das einziges Kind, only – einzig, nur
shy – furchtsam, ängstlich, schüchtern
to meet, met, met – treffen, begegnen
first grade – die erste Klasse [Grundschule]; first – erste; grade – die Klasse, die Note, die Schulnote, die Stufe, die Qualität

to cry – weinen, schreien
to feel lost – sich verloren fühlen, sich verloren vorkommen, sich fehl am Platz fühlen; lost – verloren
outgoing – aufgeschlossen
to console – trösten, aufmuntern
to lead, led, led – führen, leiten
to chat – plaudern, schwatzen, sich unterhalten
to get on well together – gut miteinander auskommen; together – zusammen, gemeinsam

They don't live very far from **each other** and often go to each other's houses to visit. When they were still in primary school, they **spent** hours playing with Jonathan's huge collection of **toy** cars. **Nowadays**, the cars are **stored** in a glass case that is **mounted** on the wall in Jonathan's room.

There is a basketball hoop in the **backyard** at Jonathan's house. The boys like to **shoot hoops** and **both** of them play very well. Sometimes Jonathan's brothers **join in**. The two friends form a team **to compete** with the two older brothers.

Jay has a TV in his room as well as a PlayStation with lots of games. When they don't **feel like** spending time at Jonathan's house, they go to Jay's house to watch **cartoons** or play games.

Sie wohnen nicht sehr weit **voneinander** entfernt und besuchen sich oft gegenseitig zu Hause. Als sie noch in der Grundschule waren, haben sie stundenlang mit Jonathans riesiger Sammlung von **Spielzeugautos** gespielt. **Heute lagern** die Autos in einer Vitrine, die in Jonathans Zimmer an der Wand **hängt**.

Im **Hinterhof** von Jonathans Haus steht ein Basketballkorb. Die Jungen **schießen gerne Körbe**, und **beide** spielen sehr gut. Manchmal spielen Jonathans Brüder mit. Die beiden Freunde bilden ein Team, um sich mit den beiden älteren Brüdern zu **messen**.

Jay hat einen Fernseher in seinem Zimmer sowie eine PlayStation mit vielen Spielen. Wenn sie keine **Lust haben**, Zeit in Jonathans Haus zu verbringen, gehen sie zu Jay, um **Zeichentrickfilme** zu sehen oder zu spielen.

each other – einander, gegenseitig
to spend, spent, spent – verbringen, ausgeben, zubringen, verleben
toy – das Spielzeug
nowadays – heutzutage, heute
to store – lagern
to mount – anbringen, montieren, aufstellen, aufsteigen

backyard – der Hinterhof
to shoot hoops – Basketball spielen, Körbe werfen; to shoot, shot, shot – schießen; hoop – der Korb
both – beide
to join in – dazu kommen; to join – vereinigen, verbinden, zustimmen
to compete – antreten, sich messen, konkurrieren
to feel like – Lust haben
cartoons – Zeichentrickfilme

Both boys are good sportsmen. They play on **the same** basketball and football teams at school. Jay is a very fast **runner**. He has **broken several** school records for the 100-meter **dash**. Jonathan isn't that good at running, but he is a great swimmer and has **won** several trophies.

The boys don't like **homework** very much, but their parents are **strict**. They **get into trouble** if their **grades** aren't good. Jay likes **math** and **science**, and Jonathan **prefers history** and English, so they help each other with their **homework**.

One day, Jonathan meets a girl named Sonia. She has long **auburn** hair, green eyes, and a beautiful body. Jonathan **has a huge crush on** her. His brothers warn him that she is known to be a flirt and **cheat** on boys. But he **gets angry** and won't listen to them.

Beide Jungen sind gute Sportler. Sie spielen in der Schule in den **gleichen** Basketball- und Fußballmannschaften. Jay ist ein sehr schneller **Läufer**. Er hat **mehrere Schulrekorde** für den 100-Meter-**Lauf gebrochen**. Jonathan ist nicht so gut im Laufen, aber er ist ein großartiger Schwimmer und hat mehrere Trophäen **gewonnen**.

Die Jungen mögen die **Schularbeit** nicht besonders, aber ihre Eltern sind **streng**. Sie **bekommen Ärger**, wenn ihre **Noten** nicht gut sind. Jay mag **Mathe** und **Naturwissenschaften**, und Jonathan **bevorzugt Geschichtswissenschaft** und Englisch, also helfen sie sich gegenseitig bei den Hausaufgaben.

Eines Tages lernt Jonathan ein Mädchen namens Sonia kennen. Sie hat lange **kastanienbraune** Haare, grüne Augen und einen wunderschönen Körper. Jonathan ist **schwer in sie verknallt**. Seine Brüder warnen ihn, dass sie dafür bekannt ist, ein Flirt zu sein und Jungs zu **betrügen**. Aber er wird **wütend** und will nicht auf sie hören.

the same – dasselbe
runner – der Läufer

6

to break, broke, broken – brechen, unterbrechen, zerbrechen, zerreißen, zerschlagen
several – einige, mehrere
dash – der Kurzstreckenlauf
to win, won, won – gewinnen
homework – Schulaufgaben, Hausaufgaben
strict – streng, strikt, hart, genau, exakt, straff
to get into trouble – Ärger bekommen, Ärger kriegen, in Schwierigkeiten geraten; to get into sth. – in etw. hineingeraten, in etw. hineingelangen; trouble – das Problem, die Schwierigkeit, die Störung, die Mühe
grade – die Klasse, die Note, die Schulnote, die Stufe, die Qualität
math – die Mathematik
science – die Wissenschaft, die Naturwissenschaft
to prefer – lieber wollen, bevorzugen, vorziehen
history – die Geschichtswissenschaft
auburn – kastanienbraun
to have a huge crush on sb. – in jdn. fürchterlich verknallt sein
huge – enorm, riesig, gewaltig
to cheat – betrügen, schummeln, täuschen, mogeln
to get angry – böse werden

They start **to date**, and one day he **invites** her to come with him to Jay's house so that she can meet his best friend.

He **introduces** her to Jay, and she **gives him a beautiful** smile as she **greets** him.

"Hi, I'm so **pleased** to meet you. Jonathan has told me so much about you."

Jay **blushes** when she **takes** his hand. He **became silent** for a second, "Um… pleased to meet you too." It feels as if she's holding his hand for too long. So he **pulls** it **away** and puts it behind his back.

Sie beginnen, sich zu **verabreden**, und eines Tages **lädt** er sie ein, mit ihm zu Jays Haus zu kommen, damit sie seinen besten Freund **kennenlernen** kann.

Er stellt sie Jay vor, und sie **schenkt** ihm ein **wunderschönes** Lächeln, als sie ihn **begrüßt**.

"Hi, ich **freue** mich so, dich kennenzulernen. Jonathan hat mir so viel von dir erzählt."

Jay **errötet**, als sie seine Hand **nimmt**. Er **verstummt** für einen Moment: "Ähm… freut mich auch, dich kennenzulernen." Es fühlt sich an, als würde sie seine Hand zu lange festhalten. Also **zieht** er sie **weg** und legt sie hinter seinen Rücken.

to date [someone] – ausgehen [mit jdm.]
to invite – einladen, bitten
to introduce – einführen, vorstellen
to give, gave, given – geben, erteilen, gewähren, schenken
beautiful – schön, hübsch, fein
to greet – grüßen, begrüßen
to please – erfreuen, zufrieden stellen, gefallen
to blush – erröten, sich schämen
to take, took, taken – nehmen, bringen, ergreifen, befolgen
sb. became silent – jd. verstummte; to become, became, become –
werden, anfangen, stehen
to pull away – wegziehen, davonziehen; to pull – ziehen, zerren, reißen,
schleppen; away – weg, fort, entfernt
to bring along – mitbringen
to bring, brought, brought – bringen
sb. gets/becomes used to – jd. gewöhnt sich an
alone – allein
whiz – der Könner, das Genie

After that day, Jonathan often **brings** her **along** when he comes to Jay's house. The three watch TV or play games together. Jay **becomes used to** her and isn't so shy around her any more.

One day, Sonia comes to Jay's house **alone**.

"Hi Jay," she says when he opens the door. "Jonathan says you're a **whiz** at math. Please, will you help me with my homework?"

Jay thinks Jonathan **suggested** that she come to him for help. So he **lets her in** and helps her with her homework. He knows that Jonathan is at swimming **practice**, so he doesn't **think** that it's **strange** that she came alone.

Nach diesem Tag **bringt** Jonathan sie oft **mit**, wenn er zu Jays Haus kommt. Die drei sehen gemeinsam fern oder spielen. Jay **gewöhnt sich an** sie und ist nicht mehr so schüchtern in ihrer Nähe.

Eines Tages kommt Sonia **allein** zu Jays Haus.

"Hi Jay", sagt sie, als er die Tür öffnet. "Jonathan sagt, du bist ein **Genie** in Mathe. Bitte, hilfst du mir bei meinen Hausaufgaben?"

Jay denkt, dass Jonathan **vorgeschlagen** hat, dass sie zu ihm kommt, um Hilfe zu bekommen. Also **lässt** er sie **rein** und hilft ihr bei ihren Hausaufgaben. Er weiß, dass Jonathan beim **Schwimmtraining** ist, also **findet** er es nicht **seltsam**, dass sie alleine gekommen ist.

After that day, she often comes to Jay's house to do homework when Jonathan is at swimming practice. Jay doesn't think of saying it to Jonathan because he thinks his friend knows that she's there.

One day, Sonia is at Jay's house again. While he is **explaining** an **equation** to her, she **suddenly** gets up from her chair and goes to stand **beside** him. Before he **realizes** what is **happening**, she starts to kiss him.

Just then, Jonathan comes **through** the door. He wanted **to surprise** his friend, but it **seems** that he is the one being surprised!

"Hey! **What's going on** here?" he **shouts** angrily.

Nach diesem Tag kommt sie oft zu Jays Haus, um Hausaufgaben zu machen, wenn Jonathan beim Schwimmtraining ist. Jay denkt nicht daran, es Jonathan zu sagen, weil er denkt, dass sein Freund weiß, dass sie da ist.

Eines Tages ist Sonia wieder in Jays Haus. Während er ihr eine **Gleichung erklärt**, steht sie **plötzlich** von ihrem Stuhl auf und stellt sich **neben** ihn. Bevor er **merkt**, was **passiert**, beginnt sie, ihn zu küssen.

Gerade dann kommt Jonathan **durch** die Tür. Er wollte seinen Freund **überraschen**, aber es **scheint**, dass er derjenige ist, der überrascht wird!

"Hey! **Was ist denn hier los**?", **ruft** er wütend.

---

to suggest – andeuten, vermuten, vorschlagen, hinweisen, behaupten
to let sb. in – jdn. hereinlassen, jdn. einlassen
practice – das Training, die Übung
to think, thought, thought – denken, glauben, nachdenken
strange – seltsam, merkwürdig, fremd
to explain – erläutern, erklären, verdeutlichen
equation – die Gleichung
suddenly – plötzlich
beside – neben, außer, ohne, etwas abseits
to realize – erzielen, erkennen, klar werden, begreifen
to happen – passieren, geschehen
through – hindurch, bis, durch
to surprise – überraschen, verwundern
to seem – scheinen, erscheinen
what is going on – was ist passiert; to be going on – los sein [geschehen]
to shout – rufen, schreien

He doesn't wait for an answer. He **stomps** out of the house and **slams** the door.

"He'll **get over** it. It was just a kiss," Sonia laughs.

"**Get out**! Don't ever come here again." Jay is angry. He would never **betray** his best friend and wants **nothing** more **to do with** Sonia.

He **tries** to call Jonathan to explain, but Jonathan won't answer his calls.

Jonathan **breaks up** with Sonia, and two days later, she already has a new boyfriend. He realizes that his brothers **were right about** her, but he is still angry with Jay. He **refuses** to talk to him.

After a few weeks, Jay can't **stand** it anymore. He **misses** his best friend. He goes to Jonathan's house. Today he's going **to sort this out**, **no matter what**!

He **knocks** on the door, and when Jonathan opens, he puts his foot in the way so that Jonathan can't slam the door in his face.

"We need to talk," he says.

Er wartet nicht auf eine Antwort. Er **stapft** aus dem Haus und **knallt** die Tür **zu**.

"Er wird darüber **hinwegkommen**. Es war nur ein Kuss", lacht Sonia.

"**Raus hier**! Lass dich hier nie wieder blicken." Jay ist wütend. Er würde seinen besten Freund nie **verraten** und will **nichts mehr mit** Sonia **zu tun haben**.

Er **versucht**, Jonathan anzurufen, um es zu erklären, aber Jonathan nimmt seine Anrufe nicht entgegen.

Jonathan **macht mit** Sonia **Schluss**, und zwei Tage später hat sie bereits einen neuen Freund. Er erkennt, dass seine Brüder mit ihr **recht hatten**, aber er ist immer noch wütend auf Jay. Er **weigert** sich, mit ihm zu reden.

Nach ein paar Wochen **hält** Jay es nicht mehr **aus**. Er **vermisst** seinen besten Freund. Er geht zu Jonathan nach Hause. Heute wird er die Sache **klären**, **egal** was passiert!

Er **klopft** an die Tür, und als Jonathan öffnet, stellt er seinen Fuß in den Weg, damit Jonathan ihm die Tür nicht vor der Nase zuschlagen kann.

"Wir müssen reden", sagt er.

to stomp – stampfen
to slam – zuschlagen, zuknallen
to get over – hinwegkommen, verwinden, wegstecken, überwinden
Get out! – Geh raus! Raus hier!; to get out – aussteigen, freikommen, rauskommen, wegkommen
to betray – verraten, betrügen
to want nothing to do with sb./sth. – nichts mit etw. zu tun haben, nichts von jdm./etw. wissen wollen; nothing – nichts

to try – versuchen, probieren
to break up with sb. – mit jdm. Schluss machen, sich von jdm. trennen
[ein Verhältnis/eine Beziehung beenden]
to be right about sth. – mit etw. recht/Recht haben
to refuse – verweigern, abschlagen, versagen, ablehnen
to stand sth. – etw. vertragen, etw. aushalten
to miss – missen, vermissen, fehlen, verfehlen, verpassen, fehlschlagen
to sort out – klären, ordnen, sortieren
no matter what – in jedem Fall
to knock – klopfen, schlagen, stoßen

"I don't want to talk to you," Jonathan **respond**s.

"I'm not **leaving** until we've talked," Jay says, **keeping** his foot in the door.

Jonathan realizes that Jay is not **going to** leave, so he lets him in. **Secretly**, he misses his friend.

Jay tells Jonathan everything that happened.

"You know how shy I am around girls. I would never have kissed her on my own. Please, forgive me," he **pleads**.

Jonathan knows how shy his friend is, so he **believes** him. He has seen for himself that Sonia is a flirt.

"I don't **blame** you, **buddy**. She is a good kisser, though." He **grins**. He **gets up** and puts his arm around his friend's shoulder. "Come, let's go play ball."

Jay **follows** his friend **outside**. He is happy that everything is **cleared up**. Soon they are laughing together like old friends again.

"Ich will nicht mit dir reden", **antwortet** Jonathan.

"Ich **gehe** nicht, bevor wir geredet haben", sagt Jay und **hält** seinen Fuß in der Tür.

Jonathan erkennt, dass Jay nicht gehen **wird**, also lässt er ihn herein. **Insgeheim** vermisst er seinen Freund.

Jay erzählt Jonathan alles, was passiert ist.

"Du weißt, wie schüchtern ich bei Mädchen bin. Alleine hätte ich sie nie geküsst. Bitte, verzeih mir", **fleht** er.

Jonathan weiß, wie schüchtern sein Freund ist, deshalb **glaubt** er ihm. Er hat mit eigenen Augen gesehen, dass Sonia ein Flirt ist.

"Ich mache dir keinen **Vorwurf**, **Kumpel**. Aber sie küsst gut." Er **grinst**. Er **steht auf** und legt seinen Arm um die Schulter seines Freundes. "Komm, lass uns Ball spielen gehen."

Jay **folgt** seinem Freund nach **draußen**. Er ist froh, dass sich alles **geklärt** hat. Bald lachen sie wieder zusammen wie alte Freunde.

to respond – antworten, reagieren
to leave, left, left – weggehen, ausgehen, verlassen, lassen
to keep, kept, kept – halten, behalten, bleiben, weitermachen, lassen, aufsparen
to be going to do sth. – gerade im Begriff sein, etw. zu tun, etwas tun werden/wollen
secret – das Geheimnis
to plead – plädieren, flehen, bitten
to believe – glauben, wähnen
to blame – beschuldigen, vorwerfen
buddy – der Kamerad, der Kumpel, der Freund
to grin – grinsen
to get up – sich erheben, aufstehen, ansteigen
to follow – folgen, verfolgen, begleiten, mitgehen, nackommen
outside – außerhalb, außen, draußen
to clear sth. up – etw. klären

Story 2: A Road Trip
Geschichte 2: Ein Ausflug

It's the summer holidays, and four friends have **decided** to go on a **road trip** together. John, Martha, Abel, and Emma will be **traveling** from Paris to Berlin, where they will be staying for a week with Emma's older sister before they come back to Paris.

The four friends are all students at the Paris College of Art. John and Martha both come from England. John is from Oxford, and Martha comes from London. Abel is Dutch. He comes from Amsterdam in the Netherlands, and Emma's parents live in Berlin.

The young people are very **excited** as they **prepare** for their trip. **It takes** just under 12 hours to travel the **full distance**, but they will be taking three days. They are all **art** students and they want **to visit as many** art museums **as possible** along the way.

Es sind Sommerferien, und vier Freunde haben **beschlossen**, gemeinsam einen **Ausflug** zu machen. John, Martha, Abel und Emma **reisen** von Paris nach Berlin, wo sie eine Woche lang bei Emmas älterer Schwester **wohnen**, bevor sie wieder nach Paris zurückkehren.

Die vier Freunde sind alle Studenten an der Pariser Kunsthochschule. John und Martha kommen beide aus England. John ist aus Oxford, und Martha kommt aus London. Abel ist Niederländer. Er kommt aus Amsterdam, aus den Niederlanden, und Emmas Eltern leben in Berlin.

Die jungen Leute sind sehr **aufgeregt**, während sie sich auf ihre Reise **vorbereiten**. Knapp 12 Stunden **brauchen** sie für die **gesamte Strecke**, aber sie werden sich drei Tage Zeit nehmen. Sie sind alle **Kunststudenten** und wollen auf dem Weg **so viele** Kunstmuseen **wie möglich besuchen**.

to decide – entscheiden, bestimmen
road trip – die Autoreise, die Autofahrt, der Ausflug [mit dem Auto];
road – die Landstraße; trip – die Reise, der Ausflug, die Fahrt
traveling – reisend, wandernd; to travel – reisen; travel – die Reise
to stay – bleiben, übernachten, wohnen
to excite – erregen, aufregen
to prepare – vorbereiten, bereiten, zubereiten, präparieren
sth. takes – etw. erfordert
full – voll, ganz, vollständig, gefüllt
distance – die Entfernung, der Abstand

art – die Kunst
to visit – besuchen, besichtigen
as many as possible – so viele wie möglich; possible – möglich

They spend many hours planning their trip **carefully**, and they don't always **agree** on which **route** to take. When they disagree, they **vote** to make a **final decision**.

Their first stop will be the city of Trier because they want to see the ruins of the Roman **baths**. From there, they will travel to Bacharach, where they will **sleep over** in a small hotel. The hotel is **located** at a **winery** near the Rhine River.

On the second day, they will travel from Bacharach to Leipzig **via** Frankfurt. Abel wanted to go via Nuremberg because he wants to see the National Germanic Museum, but the others said that it would make the traveling time too long and he was **outvoted**. They have **booked a room** at a **lovely** hostel that is located in a 19th century building in the heart of Leipzig's **cultural scene**.

Sie verbringen viele Stunden damit, ihre Reise **sorgfältig** zu planen, und sie sind sich nicht immer **einig**, welche **Route** sie nehmen sollen. Wenn sie sich nicht einig sind, **stimmen** sie **ab**, um eine **endgültige Entscheidung** zu treffen.

Ihre erste Station wird die Stadt Trier sein, weil sie die Ruinen der römischen **Bäder** sehen wollen. Von dort aus fahren sie nach Bacharach, wo sie in einem kleinen Hotel **übernachten** werden. Das Hotel befindet sich auf einem **Weingut** in der Nähe des Rheins .

Am zweiten Tag werden sie von Bacharach **über** Frankfurt nach Leipzig fahren. Abel wollte über Nürnberg fahren, weil er das Germanische Nationalmuseum sehen will, aber die anderen sagten, dass das die Reisezeit zu lang machen würde, und er wurde **überstimmt**. Sie haben ein **Zimmer** in einem **schönen** Hostel **gebucht**, das sich in einem Gebäude aus dem 19. Jahrhundert im Herzen der Leipziger **Kulturszene** befindet.

carefully – sorgfältig, behutsam, langsam
to agree – zustimmen, vereinbaren
route – die Route, die Strecke, der Weg
to vote – wählen, abstimmen
final decision – die endgültige Entscheidung
bath – das Bad
to sleep over – [auswärts] übernachten

14

located – gelegen
to locate – orten, lokalisieren, finden
winery – das Weingut, die Winzerei
via – über, per, durch
to outvote – überstimmen
to book a room – ein Zimmer buchen, ein Zimmer reservieren lassen
lovely – entzückend, schön, lieblich, hübsch
cultural scene – die Kulturszene

On the third day, they will travel to Berlin via Dresden. They are all **looking forward** to seeing the many art galleries and museums that the city is known for.

They are ready to leave! Their bags are packed, and Abel is loading them into the **trunk** of his car.

He is **grumbling** as he **loads** the girls' **luggage**. "You'd think we're **going away** for a year. What do you girls have in these bags? They are so heavy!"

Martha and Emma **giggle**. Emma says, "Oh, come on, Abel. It's just a few things. You'd really be complaining if we packed everything we would have liked to bring."

John laughs. "Let me help you. It seems that you need to do more **push-ups**," he **teases** Abel. He **picks up** Emma's bag and **grunts** as he feels the **weight** of the bag. The girls laugh.

Am dritten Tag werden sie über Dresden nach Berlin reisen. Sie **freuen sich** alle darauf, die vielen Kunstgalerien und Museen zu sehen, für die die Stadt bekannt ist.

Sie sind bereit zu gehen! Ihre Taschen sind gepackt, und Abel lädt sie in den **Kofferraum** seines Autos.

Er **murrt**, während er das **Gepäck** der Mädchen **einlädt**. "Man könnte meinen, wir **fahren** für ein Jahr **weg**. Was habt ihr Mädchen in diesen Taschen? Die sind so schwer!"

Martha und Emma **kichern**. Emma sagt: "Ach, komm schon, Abel. Es sind doch nur ein paar Sachen. Du würdest dich wirklich beschweren, wenn wir alles einpacken würden, was wir gerne mitgebracht hätten."

John lacht. "Lass mich dir helfen. Es scheint, dass du mehr **Liegestütze machen** musst", **neckt** er Abel. Er **hebt** Emmas Tasche auf und **grunzt**, als er das **Gewicht** der Tasche spürt. Die Mädchen lachen.

to look forward to sth. – etw. freudig entgegensehen, etw. erwarten, sich auf etw. freuen; forward – fortschrittlich, nach vorne, vorwärts
trunk – der Gepäckraum, der Kofferraum, der Koffer
to grumble – murren, schimpfen, brummen, grollen

to load – laden, beladen
luggage – das Reisegepäck
to go away – weggehen, fortgehen, sich entfernen
to giggle – kichern
to do push-ups – pumpen [Liegestütze machen]
to tease – necken, hänseln
to pick up – nehmen, greifen, aufnehmen, heben
to grunt – grunzen
weight – das Gewicht

Their **long-awaited adventure** begins! Abel is driving, and John is in the **passenger seat** beside him. The two girls are sitting in the back.

They have **brought** lots of CDs to listen to **along the way**, and John puts a Rammstein CD in the player. He **turns the music up** loud and the girls start bouncing in the **back seat** to the beat.

John starts eating the savory pies that Martha brought as snacks for the trip.

"Hey! Don't eat all our food," Abel says. "We've only just left. How can you be **hungry** already?"

"I'm always hungry." John grins and **stuffs** another pie in his mouth.

Emma **grabs** the **package** from him. "No more for you! These are for later," she says **sternly** as she **shoves** the package under the seat.

The weather is pleasant and they enjoy the wonderful **scenery** as they **drive along**.

Ihr **lang erwartetes Abenteuer** beginnt! Abel fährt, und John sitzt auf dem **Beifahrersitz** neben ihm. Die beiden Mädchen sitzen auf dem **Rücksitz**.

Sie haben viele CDs **mitgebracht**, um sie **unterwegs** zu hören, und John legt eine Rammstein-CD in den Player. Er **dreht** die Musik laut **auf**, und die Mädchen beginnen, auf dem Rücksitz im Takt zu wippen.

John fängt an, die herzhaften Torten zu essen, die Martha als Snacks für die Reise mitgebracht hat.

"Hey! Esst nicht unser ganzes Essen auf", sagt Abel. "Wir sind doch gerade erst losgefahren. Wie könnt ihr jetzt schon **hungrig** sein?"

"Ich bin immer hungrig." John grinst und **stopft** sich einen weiteren Kuchen in den Mund.

Emma **schnappt** ihm das **Paket** weg. "Nichts mehr für dich! Die sind für später", sagt sie **streng**, während sie das Paket unter den Sitz **schiebt**.

Das Wetter ist angenehm, und sie genießen die wunderbare **Landschaft**, während sie **entlangfahren**.

It is a new **experience** for them all to drive to Berlin. Even Emma has never made the trip by car. She has always traveled by airplane.

Für sie alle ist es eine neue **Erfahrung**, nach Berlin zu fahren. Selbst Emma hat die Reise noch nie mit dem Auto gemacht. Sie ist immer mit dem Flugzeug gereist.

long-awaited – lang erwartet, lang ersehnt
adventure – das Abenteuer
passenger seat – der Beifahrersitz, der Fahrgastsitz
to bring, brought, brought – bringen, mitbringen
along the way – unterwegs
to turn sth. up – etw. aufdrehen
back seat – der Rücksitz
hungry – hungrig
to stuff – stopfen, füllen
to grab – greifen, ergreifen, packen, schnappen
package – die Packung, der Pack, die Verpackung
stern – ernst, streng
to shove – schieben
scenery – die Landschaft, die Szenerie
to drive along sth. – entlangfahren; **to drive, drove, driven** – fahren, schlagen, vortreiben, treiben, drücken, stoßen; **along** – entlang, längs, weiter, vorwärts
experience – die Erfahrung, das Erlebnis

After driving for about an hour and a half, they **reach** the city of Reims. They stop there for a quick snack because John is hungry again.

Nach etwa eineinhalb Stunden Fahrt **erreichen** sie die Stadt Reims. Dort halten sie für einen schnellen Snack an, denn John hat wieder Hunger.

"**Since** we're here," Abel says, "let's go and see the Cathedral of Notre-Dame."

"**Wenn** wir schon mal hier sind", sagt Abel, "sollten wir uns die Kathedrale von Notre-Dame ansehen."

As they **stare** at the beautiful building, Emma says, "Did you know that 33 kings have been **crowned** here over the past 1000 years?"

Während sie das schöne Gebäude **anstarren**, sagt Emma: "Wusstet ihr, dass hier in den letzten 1000 Jahren 33 Könige **gekrönt** wurden?"

"Ah, yes, we learned that in our art history class **a while** ago," Martha **remembers**.

"Ah ja, das haben wir vor **einiger Zeit** in unserem Kunstgeschichtsunterricht gelernt", **erinnert sich** Martha.

"Come, guys, let's **move along**. We still have a long drive **ahead** of us," Abel tells them.

They **pile** into the car and they're on the road again. Emma and Martha **fall asleep**, and John chats to Abel to keep him company so that he doesn't fall asleep while he's driving.

"Kommt, Leute, lasst uns **weiterfahren**. Wir haben noch eine lange Fahrt **vor** uns", sagt Abel zu ihnen.

Sie **stapeln** sich im Auto und sind wieder unterwegs. Emma und Martha **schlafen ein**, und John plaudert mit Abel, um ihm Gesellschaft zu leisten, damit er nicht während der Fahrt einschläft.

to reach – erreichen
since – seitdem, seit
to stare – starren, erstaunt blicken
to crown sb. – jdm. die Krone aufsetzen
a while – die eine Weile
to remember – sich erinnern
to move along – fortbewegen, weiterfahren, weitergehen
ahead – voraus, vor
to pile – stapeln, türmen
to fall asleep – einschlafen, einschlummern; to fall, fell, fallen – fallen;
to sleep, slept, slept – schlafen

Their next stop is Trier. They visit the Imperial Baths and spend **a lot of** time **exploring** the **extensive underground** rooms and **passages** that are the **highlight** of this attraction. There is still **enough** time for them to visit the Rhineland Museum, and they are **lucky** enough **to be in time** for the multimedia show that is presented twice a day.

Ihre nächste Station ist Trier. Sie besuchen die Kaiserthermen und verbringen **viel** Zeit damit, die **weitläufigen unterirdischen** Räume und **Gänge** zu **erkunden**, die das **Highlight** dieser Attraktion sind. Es bleibt noch **genügend** Zeit für einen Besuch im Rheinischen Museum, und sie haben das **Glück**, **rechtzeitig** für die Multimediashow zu sein, die zweimal täglich präsentiert wird.

They reach Bacharach in the **late afternoon** and decide to go directly to their **accommodation** because they are all **tire**d from traveling. They **enjoy** a wonderful dinner and drink wine and chat until late that evening.

Sie erreichen Bacharach am **späten Nachmittag** und beschließen, direkt in ihre **Unterkunft** zu gehen, da sie alle **müde** von der Reise sind. Sie **genießen** ein wunderbares Abendessen, trinken Wein und plaudern bis spät am Abend.

The next morning, Abel is **hung over** from drinking too much wine. John says **he doesn't mind** driving so that Abel can get some more sleep.

Am nächsten Morgen ist Abel **verkatert**, weil er zu viel Wein getrunken hat. John sagt, dass es ihm **nichts ausmacht**, zu fahren, damit Abel noch etwas schlafen kann.

a lot of – viel
to explore – erforschen, erkunden, untersuchen, auskundschaften
extensive – ausführlich, umfangreich, weitgehend
underground – unterirdisch
passage – der Durchgang, die Passage
highlight – der Höhepunkt, das Highlight
enough – ausreichend, genug, genügend
lucky – glücklich
to be in time – in der Zeit sein, pünktlich sein, rechtzeitig sein
late afternoon – der Spätnachmittag
accommodation – die Unterkunft
to be tired – müde sein
to enjoy – genießen
sb. hung over – jd. hängte über, einen Kater haben
to not mind doing sth. – nichts dagegen haben, etw. zu tun; mind – die Meinung, der Geist, der Sinn

The drive to Frankfurt takes an hour and 15 minutes, and they have a lot of time to visit all the museums they want to see. All of them buy souvenirs to take back home with them.

Die Fahrt nach Frankfurt dauert eine Stunde und 15 Minuten, und sie haben viel Zeit, um alle Museen zu besuchen, die sie sehen wollen. Alle kaufen Souvenirs, um sie mit nach Hause zu nehmen.

The last **stretch** to Leipzig is a long one, and they **take turns** with driving. They are tired when they **arrive** and decide to book into their hostel and order pizza for dinner. They all go to bed early.

Die letzte **Strecke** nach Leipzig ist lang, und sie **wechseln** sich mit dem Fahren ab. Als sie **ankommen**, sind sie müde und beschließen, sich in der Jugendherberge einzubuchen und Pizza zum Abendessen zu bestellen. Sie gehen alle früh ins Bett.

The next day, they decide that they've had enough of being on the road. They skip the visit to Dresden and drive **straight through** to Berlin.

Am nächsten Tag beschließen sie, dass sie genug vom Unterwegssein haben. Sie lassen den Besuch in Dresden aus und fahren **direkt** nach Berlin **durch**.

The **traffic is heavy**, and it takes them three hours to reach their **destination**. Emma's sister **welcomes** them when they arrive. She has been looking forward to **showing** them the night **spots** of the city. They all agree that it was a great road trip, but now they are ready to **party** and **have some fun**.

Der **Verkehr** ist **dicht**, und sie brauchen drei Stunden, um ihr **Ziel** zu erreichen. Emmas Schwester **empfängt** sie, als sie ankommen. Sie hat sich schon darauf gefreut, ihnen die **Nachtlokale der Stadt** zu **zeigen**. Sie sind sich einig, dass es ein toller Ausflug war, aber jetzt sind sie bereit, zu **feiern** und **Spaß zu haben**.

stretch – die Strecke, die Dehnung
to take turns – sich abwechseln
to arrive – anreisen, eintreffen, erreichen, ankommen
straight through – direkt durch
heavy traffic – der dichter Verkehr; heavy – schwer, gewichtig
destination – das Ziel, das Reiseziel
to welcome – empfangen, begrüßen, treffen
to show – zeigen, anzeigen, ausstellen, vorführen, beweisen
spot – die Stelle, der Fleck, der Punkt, der Platz
to party – Party machen
to have fun – Spaß haben

Story 3: A Grandfather Dies
Geschichte 3: Ein Großvater stirbt

Eight-year-old James is an only child. His parents **struggled** to have children for many years after they **got married**. They had already **given up** on the idea when his mother fell **pregnant** with him. She was already 46 years old by then, and his parents were very surprised, but they were also very pleased.

James was just a year old when his grandfather came **to stay with** them. The old man was very **lonely** after **losing** his wife, and his daughter and **son-in-law** decided that he should **move in** with them. He could help **take care of** James, and keeping the little boy **entertained** would **distract** him from his **sorrow**.

James calls his grandfather Gramps, and he says that Gramps is his best friend. Gramps spends a lot of time with him. He has **taught** James to play **chess**, they play **card games**, and they watch cartoons together. He even sits on the floor and plays Tiddlywinks with James. Gramps is a lot of fun to have around. He is always laughing and making **jokes**.

Der achtjährige James ist ein Einzelkind. Seine Eltern **kämpften** viele Jahre lang darum, Kinder zu bekommen, nachdem sie **geheiratet** hatten. Sie hatten die Idee schon **aufgegeben**, als seine Mutter mit ihm **schwanger** wurde. Sie war zu diesem Zeitpunkt bereits 46 Jahre alt, und seine Eltern waren sehr überrascht, aber auch sehr froh.

James war gerade ein Jahr alt, als sein Großvater zu ihnen kam. Der alte Mann war sehr **einsam**, nachdem er seine Frau **verloren** hatte, und seine Tochter und sein **Schwiegersohn** beschlossen, dass er bei ihnen **einziehen** sollte. Er konnte helfen, sich um James zu **kümmern**, und die **Unterhaltung** des kleinen Jungen würde ihn von seinem **Kummer ablenken**.

James nennt seinen Großvater Gramps, und er sagt, dass Gramps sein bester Freund ist. Gramps verbringt sehr viel Zeit mit ihm. Er hat James **beigebracht**, **Schach** zu spielen, sie spielen **Kartenspiele** und schauen zusammen Cartoons. Er setzt sich sogar auf den Boden und spielt Tiddlywinks mit James. Es macht viel Spaß, Gramps um sich zu haben. Er lacht immer und macht **Witze**.

to struggle – kämpfen, ringen, streiten
to get married – heiraten
to give sth. up – etw. aufgeben, etw. darauf verzichten, etw. ablehnen
pregnant – schwanger

to stay with sb/sth. – bei jdm./etw. bleiben
lonely – einsam, allein
to lose, lost, lost – verlieren, verschlagen, verlorengehen
son-in-law – der Schwiegersohn
to move in – anrücken, einziehen
to take care of – kümmern, sorgen, aufpassen
to entertain – unterhalten
to distract – verwirren, zeit vertreiben, zerstreuen, ablenken
sorrow – das Leid, die Trauer
to teach, taught, taught – lehren, unterrichten
chess – das Schachspiel
card games – Kartenspiele
joke – der Witz, der Scherz

Gramps likes taking James to the park. The park is **nearby**, and he enjoys the short **walk**. He sits on one of the **benches** and watches while James plays. Sometimes he even **pushes** James on the **swings**.

James wants to go to the park today, but Gramps says he is not feeling well. James finds this strange because Gramps never **complains**. He is always **full of energy** and ready to have fun. They decide to sit in the living room and watch cartoons **instead**.

That evening, Gramps says he's **going to bed** early because he is tired. James finds this strange too because Gramps always stays up until about 10 pm before he goes to bed.

"Gramps, **what is wrong**? Why are you so tired today?" he asks.

"I don't know, my boy," Gramps answers.

Gramps geht gerne mit James in den Park. Der Park ist in der **Nähe**, und er genießt den kurzen **Spaziergang**. Er setzt sich auf eine der **Bänke** und schaut zu, während James spielt. Manchmal **schiebt** er James sogar auf der **Schaukel** an.

James möchte heute in den Park gehen, aber Gramps sagt, er fühle sich nicht gut. James findet das seltsam, denn Gramps **beschwert** sich nie. Er ist immer **voller Energie** und bereit, Spaß zu haben. Sie beschließen, **stattdessen** im Wohnzimmer zu sitzen und Cartoons zu schauen.

An diesem Abend sagt Gramps, dass er früh **ins Bett geht**, weil er müde ist. James findet das auch seltsam, denn Gramps bleibt immer bis etwa 22 Uhr auf, bevor er ins Bett geht.

"Gramps, **was ist los**? Warum bist du heute so müde?", fragt er.

"Ich weiß es nicht, mein Junge", antwortet Gramps.

"I think I'm **probably** just **getting old**. I've had 87 birthdays, after all."

James **considers** this for a moment before he says, "Wow, Gramps, that's a lot of birthdays! I've only had eight **so far**."

"Well, then you have a lot of **catching up** to do." Gramps laughs and **gives** the little boy a **hug** before he **goes off** to bed.

"Ich denke, ich **werde wahrscheinlich** einfach nur **alt**. Ich hatte **schließlich** schon 87 Geburtstage."

James **überlegt** einen Moment, bevor er sagt: "Wow, Gramps, das sind eine Menge Geburtstage! Ich hatte **bis jetzt** nur acht."

"Na, dann hast du ja eine Menge **nachzuholen**." Gramps lacht und **umarmt** den kleinen Jungen, bevor er sich ins Bett **begibt**.

nearby – nah, nahebei, in der Nähe
walk – der Gang, der Marsch, die Spazierung
bench – die Bank, die Sitzbank
to push – drücken, schieben, stoßen
swings – Schaukeln
to complain – beschweren, klagen, beklagen
full of energy – energiegeladen
instead – stattdessen
going to bed – Zubettgehen, Schlafengehen
what is wrong – was ist los
probably – wahrscheinlich, vermutlich, wohl
to be getting old – älter werden
after all – schließlich, nach allem, doch, also doch
to consider – überlegen, betrachten, erwägen
so far – bisher, soweit; far – weit, fern
to catch up – aufholen
to give sb. a hug – jdn. umarmen; hug – die Umarmung
to go off – losgehen, abreisen, weggehen

The next morning James **wakes up** from a strange sound. He gets up to see what is going on. He goes to the kitchen, but there's nobody there. He runs to the living room. His mother is sitting on the couch, **sobbing** into her hands.

James' father is sitting beside her with his arm around her shoulder.

Am nächsten Morgen **wacht** James von einem seltsamen Geräusch **auf**. Er steht auf, um zu sehen, was los ist. Er geht in die Küche, aber es ist niemand da. Er rennt ins Wohnzimmer. Seine Mutter sitzt auf der Couch und **schluchzt** in ihre Hände.

Der Vater von James sitzt neben ihr und legt seinen Arm um ihre Schulter.

He is **stroking** her hair and speaking to her **softly**. He has a big frown between his eyebrows. It almost looks as if he wants to cry as well.

James' father looks so serious, and James isn't used to seeing his mother cry. He looks around the room, but Gramps isn't sitting in his **usual** chair by the fireplace. His newspaper is still **folded neatly** on the coffee table in the center of the room. James is **confused** and **wonders** what is going on. Gramps is always up early, and he sits there reading his newspaper while James' mother makes breakfast.

"What is happening? Where is Gramps?" James is **upset** now.

Er **streichelt** ihr Haar und spricht **leise** mit ihr. Er hat ein großes Stirnrunzeln zwischen seinen Augenbrauen. Es sieht fast so aus, als wolle er auch weinen.

Der Vater von James sieht so ernst aus, und James ist es nicht gewohnt, seine Mutter weinen zu sehen. Er sieht sich im Zimmer um, aber Gramps sitzt nicht in seinem **üblichen** Stuhl am Kamin. Seine Zeitung liegt immer noch **ordentlich gefaltet** auf dem Couchtisch in der Mitte des Raumes. James ist **verwirrt** und **fragt sich**, was hier los ist. Gramps ist immer früh auf den Beinen. Er sitzt da und liest seine Zeitung, während die Mutter von James das Frühstück macht.

"Was ist los? Wo ist Gramps?" James ist jetzt **aufgebracht**.

to wake up – aufwachen, wecken
to sob – schluchzen
to stroke – streichen [mit der Hand]
softly – weich, leise
usual – üblich, gewohnt, gewöhnlich
to fold – falten, klappen, schließen
neat – sauber, ordentlich, gepflegt, nett, akkurat
to confuse – verwirren, verwechseln
to wonder – sich wundern, sich fragen, gern wissen wollen, sich Gedanken machen
to be upset – aufgebracht sein, verärgert sein; upset – bestürzt, verärgert

James' father gets up from the couch and goes to James. He **crouches down** so that he can look into his son's eyes and puts his arm around him.

"James," he says in a **serious** voice, "Gramps **died** in his sleep last night."

Der Vater von James steht von der Couch auf und geht zu James. Er **hockt** sich so **hin**, dass er seinem Sohn in die Augen schauen kann, und legt einen Arm um ihn.

"James", sagt er mit **ernster** Stimme, "Gramps ist letzte Nacht im Schlaf **gestorben**."

James knows what it **means** if someone dies, but **nobody** he has known has died before.

"No! It can't be!" he cries out. "Gramps can't be dead! Where is he?"

James **pulls** himself **out** of his father's arms and starts running to the room where Gramps sleeps.

"James, no! You can't go in there now." His dad grabs him by the arm and stops him. Gramps is still there and he doesn't want James to see him. They are still waiting for the **undertakers** to come and **fetch** his body.

"But I want to go to Gramps!" James cries out. He is very upset and starts **pulling away** again.

James weiß, was es **bedeutet**, wenn jemand stirbt, aber **niemand**, den er kennt, ist zuvor gestorben.

"Nein! Das kann nicht sein!", schreit er auf. "Gramps kann nicht tot sein! Wo ist er?"

James **reißt** sich **aus** den Armen seines Vaters und rennt in das Zimmer, in dem Gramps schläft.

"James, nein! Du kannst da jetzt nicht reingehen." Sein Vater packt ihn am Arm und hält ihn auf. Gramps ist immer noch da, und er will nicht, dass James ihn sieht. Sie warten immer noch darauf, dass der **Bestatter** kommt und seine Leiche **abholt**.

"Aber ich will zu Gramps gehen!" James schreit auf. Er ist sehr aufgeregt und beginnt, sich wieder **wegzuziehen**.

to crouch down – in die Hocke gehen; to crouch – kauern, hocken
serious – ernsthaft, bedenklich, seriös, folgenschwer
to die – sterben
to mean – beabsichtigen, bedeuten, heißen, meinen
nobody – niemand
to pull out – ausreißen, austreten
undertaker – der Bestatter, der Leichenbestatter
to fetch – holen, abholen, apportieren
to pull away – wegziehen, davonziehen

His mother has stopped crying and gets up from the couch. She puts her arms around him and explains, "James, Grandpa was very old already. His body was tired and it stopped working. That is why he died."

Seine Mutter hat aufgehört zu weinen und steht von der Couch auf. Sie legt ihre Arme um ihn und erklärt: "James, Großvater war schon sehr alt. Sein Körper war müde und hat aufgehört zu funktionieren. Deshalb ist er gestorben."

"Is that why he went to bed early last night and didn't want to go to the park with me? Is it because his body was tired? Will it **turn back on again** when he has **rested**?"

"No, **honey**," his mother says, and James can see she is going to cry again.

His father sees that this is **too much** for his wife to bear. He takes James by the hand, leads him to the couch, and tells him to sit beside him.

"James, Gramps isn't going to wake up again. It's not that kind of tired. His body has **turned off completely** now. He can't play with you again," he explains.

James begins to realize what his father means and begins to cry. He can't believe Gramps won't be playing games with him and taking him to the park again.

"Ist das der Grund, warum er gestern Abend früh ins Bett ging und nicht mit mir in den Park gehen wollte? Ist es, weil sein Körper müde war? Wird er sich **wieder einschalten**, wenn er sich **ausgeruht** hat?"

"Nein, **Schatz**", sagt seine Mutter, und James kann sehen, dass sie wieder zu weinen anfängt.

Sein Vater sieht, dass dies für seine Frau **zu viel** ist. Er nimmt James bei der Hand, führt ihn zur Couch und sagt ihm, er solle sich neben ihn setzen.

"James, Gramps wird nicht wieder aufwachen. So müde ist er nicht. Sein Körper hat sich jetzt **komplett abgeschaltet**. Er kann nicht mehr mit dir spielen", erklärt er.

James beginnt zu begreifen, was sein Vater meint, und beginnt zu weinen. Er kann nicht glauben, dass Gramps nicht mehr mit ihm spielen und ihn in den Park mitnehmen wird.

to put one's arm around sb. – den Arm um jdn. legen
to turn sth. back on – etw. wieder anschalten
to rest – ausruhen, rasten, ruhen, liegen
honey – der Honig, der Liebling, der Schatz
too much – zu viel
to turn off – abdrehen, abstellen, absperren, ausschalten
completely – vollständig, völlig, ganz

His father puts his arms around his son and holds him **while** he cries. He is finding it very hard to **suppress** his own **tears**, but he **has to** be strong for his wife and son now, so he **keeps** himself **under control**.

Der Vater legt seine Arme um seinen Sohn und hält ihn fest, **während** er weint. Es fällt ihm sehr schwer, seine eigenen **Tränen** zu **unterdrücken**, aber er **muss** jetzt für seine Frau und seinen Sohn stark sein, also **hält** er sich **unter Kontrolle**.

The undertakers arrive, and James and his mother stay in the living room while they **collect** the body. They take Gramps to the **funeral home**. He is going to be **cremated**.

A week later, they have a **memorial service** for Gramps. There are flowers **everywhere**, and there is a photograph of Gramps on the table next to the little **wooden** box that **contains** his **ashes**.

After the service, everybody who wishes to do so **gets a turn to deliver a eulogy** for Gramps. James has written a **poem**, and when it is his turn, he goes up to the table and turns **toward** the picture of Gramps. He reads out his poem and he knows that Gramps likes it. He can feel it in his heart.

Die Bestatter kommen an, und James und seine Mutter bleiben im Wohnzimmer, während sie die Leiche **abholen**. Sie bringen Gramps zum **Bestattungsinstitut**. Er wird **eingeäschert** werden.

Eine Woche später haben sie einen **Gedenkgottesdienst** für Gramps. **Überall** stehen Blumen, und auf dem Tisch neben dem kleinen **Holzkästchen**, das seine **Asche enthält**, steht ein Foto von Gramps.

Nach dem Gottesdienst ist jeder, der möchte, **an der Reihe**, eine **Trauerrede** für Gramps zu **halten**. James hat ein **Gedicht** geschrieben, und als er an der Reihe ist, geht er zum Tisch und wendet sich dem Bild von Gramps **zu**. Er liest sein Gedicht vor, und er weiß, dass es Gramps gefällt. Er kann es in seinem Herzen spüren.

while – während
to suppress – unterdrücken, verdrängen, abstellen
tears – Tränen
to have to – müssen, zu … haben
to keep under control – unter Kontrolle halten, beherrschen, in der Gewalt haben
to collect – sammeln, abholen
funeral home – das Beerdigungsinstitut, das Begräbnisinstitut; funeral – die Beerdigung
to cremate – einäschern, feuerbestatten
memorial service – der Gedenkgottesdienst
everywhere – überall
wood – das Holz, der Wald;
to contain – beinhalten, enthalten, bergen
ash – die Asche
to be sb.'s turn – an der Reihe sein
to deliver – liefern, halten [Rede, Vorlesung, Predigt]
eulogy – die Trauerrede
poem – das Gedicht
toward – zu, auf, gegenüber, in die Richtung

Story 4: A New Baby Is Born Into the Family
Geschichte 4: Ein neues Baby wird in die Familie geboren

Hannah and Stefan have been married for 13 years. They have two boys named Hans and Noah. **As far as they are concerned**, their family is **complete**. Hans is 10 years old **already**, and Noah is eight. Hans **doesn't really care**, but Noah always says he'd like to have a baby sister.

Hannah and Stefan just laugh. They tell him they don't think they want any more children. They are **settled**, and now that Noah is old enough, Hanna has gone back to work and she is **doing well** in her career.

One morning Hannah wakes up and she isn't **feeling well** at all. She is **nauseous** and has to run to the bathroom.

"Oh dear," she says, "I think I've **caught** a **tummy bug**."

Hannah drinks some black tea, and soon she is feeling fine. She decides that it's probably just something she **ate**, and she goes off to work.

Hannah und Stefan sind seit 13 Jahren verheiratet. Sie haben zwei Jungen namens Hans und Noah. **Soweit es sie betrifft**, ist ihre Familie komplett. Hans ist **schon** 10 Jahre alt, und Noah ist acht. Hans ist das **eigentlich egal**, aber Noah sagt immer, dass er gerne eine kleine Schwester hätte.

Hannah und Stefan lachen nur. Sie sagen ihm, dass sie nicht glauben, dass sie noch mehr Kinder wollen. Sie sind **sesshaft**, und jetzt, wo Noah alt genug ist, ist Hanna wieder arbeiten gegangen, und es **geht** ihr **gut** in ihrer Karriere.

Eines Morgens wacht Hannah auf und **fühlt** sich ganz und gar nicht **wohl**. Ihr ist **übel**, und sie muss auf die Toilette rennen.

"Oh je", sagt sie, "ich glaube, ich **habe** eine **Magenverstimmung**."

Hannah trinkt etwas schwarzen Tee, und bald fühlt sie sich gut. Sie beschließt, dass es wahrscheinlich nur etwas ist, was sie **gegessen** hat, und sie geht zur Arbeit.

as far as I'm concerned – meinerseits
already – bereits, schon, endlich
to not care about sth. – sich für etw. nicht interessieren, sich nicht um etw. kümmern, ganz egal sein
to settle – sich einleben
to do well – sich gut machen
to feel well – sich wohl fühlen
nausea – die Übelkeit
to catch, caught, caught – fangen, fassen, ergreifen, sich einfangen,

erwischen
tummy bug – die Magenverstimmung
to eat, ate, eaten – essen, fressen

The next morning, it happens **all over again**! Hannah wakes up and she has to run to the bathroom again because of nausea.

Stefan says, "That tummy bug of yours doesn't seem to have gone away like you thought after all. You'd better **make an appointment** to go and see the doctor."

Hannah doesn't really feel that she needs to see the doctor, but then she **faints** at work. She decides that Stefan is right. Maybe the tummy bug is **worse** than she thought.

She calls the doctor's office and makes an appointment.

There are a few other patients in the **waiting room**, and Hannah **flips** through the pages of a magazine as she waits for her turn. After about 15 minutes, the **receptionist** tells her to go through.

Am nächsten Morgen passiert es **wieder**! Hannah wacht auf und muss wieder wegen Übelkeit ins Bad rennen.

Stefan sagt: "Dein Magenverstimmung scheint doch nicht so verschwunden zu sein, wie du dachtest. Du solltest besser einen **Termin** beim Arzt vereinbaren."

Hannah hat eigentlich nicht das Gefühl, dass sie zum Arzt gehen muss, aber dann **wird** sie auf der Arbeit **ohnmächtig**. Sie beschließt, dass Stefan recht hat. Vielleicht ist die Magenverstimmung **schlimmer**, als sie dachte.

Sie ruft in der Arztpraxis an und vereinbart einen Termin.

Im **Wartezimmer** sitzen noch ein paar andere Patienten, und Hannah **blättert** in einer Zeitschrift, während sie wartet, dass sie an der Reihe ist. Nach etwa 15 Minuten sagt ihr die **Arzthelferin**, dass sie **durchgehen** kann.

all over again – ganz von Anfang an, ganz von vorn, noch einmal
to make an appointment – einen Termin ausmachen
to faint – ohnmächtig werden
worse – schlechter, schlimmer
waiting room – der Warteraum
to flip – umblättern
receptionist – die Arzthelferin, die Sprechstundengehilfin
to go through – durchgehen, durchleben

"So, Mrs. Mentz, how may I help you today?" the doctor asks.

"Also, Frau Mentz, wie kann ich Ihnen heute helfen?", fragt der Arzt.

"I've been feeling nauseous and I fainted at work today. I think I may have a tummy bug."

"Well, let's **take a look at** you then. Please **change into a gown in the cubicle**. I'll be with you in a minute." He leaves the room.

Hannah changes into the gown, and after a few minutes the doctor returns. "Please lie down, Mrs. Mentz. Let's take a look at you."

He **examines** her.

"Hmm. It doesn't seem like a tummy bug. I would like a urine **sample**. The **nurse** will **assist** you." He calls the nurse and leaves the office.

The nurse assists Hannah and then tells her that she can **get dressed**. She asks her to wait in the doctor's office while the sample is **analyzed**.

After several minutes, the doctor **returns**. He has a big smile on his face.

"Mir ist übel, und ich wurde heute bei der Arbeit ohnmächtig. Ich glaube, ich habe eine Magenverstimmung."

"Gut, dann wollen wir Sie uns **mal ansehen**. Bitte **ziehen** Sie sich in der **Kabine** einen **Kittel an**. Ich bin in einer Minute bei Ihnen." Er verlässt den Raum.

Hannah zieht sich den Kittel an, und nach ein paar Minuten kommt der Arzt zurück. "Bitte legen Sie sich hin, Frau Mentz. Ich will Sie mir mal ansehen."

Er **untersucht** sie.

"Hmm. Es sieht nicht wie eine Magenverstimmung aus. Ich hätte gerne eine **Urinprobe**. Die **Krankenschwester** wird Ihnen helfen." Er ruft die Krankenschwester und verlässt das Büro.

Die Krankenschwester **assistiert** Hannah und sagt ihr dann, dass sie sich **anziehen** kann. Sie bittet sie, im Büro des Arztes zu warten, während die Probe **analysiert** wird.

Nach einigen Minuten **kommt** der Arzt **zurück**. Er hat ein breites Lächeln im Gesicht.

to take a look at sth. – sich etw. ansehen, etw. besehen
to change into a gown – Kittel anziehen; gown – das Kleid, die Robe, das Abendkleid, der Kittel
cubicle – die Kabine, die Umkleidekabine
to examine – beobachten, untersuchen, besichtigen, mustern
sample – die Kostprobe, das Muster, die Probe, das Probenstück
nurse – die Krankenschwester
to assist – assistieren, aushelfen
to get dressed – sich anziehen

to analyze – untersuchen, analysieren, zerlegen, durchrechnen
to return – zurückkehren, zurückgeben, entgegen, erwidern

"So, have **you been able to find out** what is wrong with me?" Hannah asks.

"Yes, Mrs. Mentz. Your tummy bug will go away after about nine months." He smiles some more. "**Congratulations**. You are pregnant."

Hanna feels as if all the **blood** in her body has gone down to her feet. She thinks she is going to faint.

"Are you alright, Mrs. Mentz? You have gone **pale**." The doctor gets up and feels her pulse. "It seems that you are **slightly** shocked by the news. There's no need to **worry**. Many women in their 30s have babies and it all **turns out** just fine. Just come **regularly** for your **check-ups**."

Hannah has **managed** to **calm** herself **down** a bit. "It's just that my youngest child is already eight years old and I've just started working again. I was never **expecting** this," she says.

"Und, **konntet** ihr **herausfinden**, was mit mir los ist?", fragt Hannah.

"Ja, Frau Mentz. Ihr Magenverstimmung wird nach etwa neun Monaten verschwinden." Er lächelt noch etwas mehr. "Herzlichen **Glückwunsch**. Sie sind schwanger."

Hanna hat das Gefühl, als ob alles **Blut** in ihrem Körper bis zu ihren Füßen hinuntergelaufen ist. Sie denkt, sie wird ohnmächtig.

"Geht es Ihnen nicht gut, Frau Mentz? Sie sind ganz **blass** geworden." Der Arzt steht auf und fühlt ihren Puls. "Es scheint, dass Sie von der Nachricht **etwas** geschockt sind. Es gibt keinen **Grund zur Sorge**. Viele Frauen in ihren 30ern bekommen ein Kind, und alles **geht** gut **aus**. Kommen Sie einfach **regelmäßig** zu Ihren **Kontrolluntersuchungen**."

Hannah hat es **geschafft**, sich ein wenig zu **beruhigen**. "Es ist nur so, dass mein jüngstes Kind schon acht Jahre alt ist und ich gerade wieder angefangen habe zu arbeiten. Damit habe ich nie **gerechnet**", sagt sie.

to be able to – in der Lage sein, fähig sein, können
to find out – ausforschen, herausfinden, entdecken, feststellen
congratulations – Glückwünsche
blood – das Blut
pale – blass, bleich, farblos
slightly – leicht, etwas, ein wenig
to worry about sb./sth. – sich über jdn./etw. Sorgen machen, sich über

jdn./etw. Gedanken machen
to turn out – sich fügen, sich herausstellen, sich erweisen
regularly – regelmäßig
check-up – die Untersuchung, die Nachuntersuchung, medizinische
Vorsorgeuntersuchung
to manage – verwalten, leiten, schaffen, erledigen, besorgen, behandeln
to calm down – abflauen, besänftigen, sich abregen, beruhigen
to expect – erwarten, vermuten, mit etw. rechnen

"Oh, I'm **sure** you'll be just fine," the doctor says. "Before you leave, please make an appointment to come and see me in six weeks' time for a check-up. If you have any problems, just give us a call."

She drives home in a **daze**. **Thinking back** now, she realizes that the nausea was morning sickness. She **makes a face**. She **hopes** that she's not going to be nauseous every morning for the next three months.

When she gets home, Stefan is there already. "So, what did the doctor say?"

Hannah decides to just tell him without **beating around the bush**. "It's not a tummy bug," she says. "I'm pregnant."

Stefan's eyes **widen**. "Really?" He looks very pleased. "That's wonderful! I hope it's a girl." He grabs her and **spins** her around the room.

"Oh, ich bin **sicher**, dass es Ihnen gut gehen wird", sagt der Arzt. "Bevor Sie gehen, machen Sie bitte einen Termin für eine Kontrolluntersuchung in sechs Wochen. Wenn Sie irgendwelche Probleme haben, rufen Sie uns einfach an."

Sie fährt wie **benommen** nach Hause. Wenn sie jetzt **zurückdenkt**, wird ihr klar, dass die Übelkeit die morgendliche Übelkeit war. Sie **verzieht** das **Gesicht**. Sie **hofft**, dass ihr in den nächsten drei Monaten nicht jeden Morgen übel sein wird.

Als sie nach Hause kommt, ist Stefan schon da. "Also, was hat der Arzt gesagt?"

Hannah beschließt, es ihm einfach zu sagen, ohne **um den heißen Brei herumzureden**. "Es ist keine Magenverstimmung", sagt sie. "Ich bin schwanger."

Stefans Augen **weiten** sich. "Wirklich?" Er sieht sehr erfreut aus. "Das ist ja wunderbar! Ich hoffe, es ist ein Mädchen." Er packt sie und **wirbelt** sie durch den Raum.

That evening, they tell the boys, and Noah **whoops** with **joy**. "I'm getting a baby sister!" he cries.

Hans just hopes the new baby doesn't cry too much.

Am Abend erzählen sie es den Jungs, und Noah **jauchzt** vor **Freude**. "Ich bekomme eine kleine Schwester!", schreit er.

Hans hofft nur, dass das neue Baby nicht zu viel weint.

sure – sicher, unbedingt
daze – die Benommenheit, die Verwirrung
thinking back – zurückdenkend
to make a face – ein Gesicht machen, ein Gesicht ziehen
to hope – hoffen
to beat around the bush – drumherum reden, rumdrucksen; to beat, beat, beaten – ausklopfen, besiegen, prügeln, schlagen; bush – der Busch
wide – breit, weit
to spin, spun, spun – drehen, spinnen, wirbeln
to whoop – jauchzen, anfeuern [mit Geschrei]
joy – die Freude

They call the grandparents on **both sides** of the family, and they are **thrilled** to hear that a new baby will be **joining** the family soon.

When she is 18 weeks pregnant, Hannah goes for an **ultrasound scan**. Stefan goes with her because today they are going to find out what the **sex** of the new baby is.

"It's a girl!" the doctor **announces**.

Hannah and Stefan are thrilled. On the way home, Stefan **insists** that they go and buy some "**girl's stuff**," as he calls it.

When the boys hear that the new baby is a girl, even Hans looks pleased.

Sie rufen die Großeltern auf **beiden Seiten** der Familie an, und sie sind **begeistert** zu hören, dass bald ein neues Baby zur Familie **stoßen** wird.

Als sie in der 18. Woche schwanger ist, geht Hannah zu einer **Ultraschalluntersuchung**. Stefan geht mit ihr, denn heute werden sie herausfinden, was das **Geschlecht** des neuen Babys ist.

"Es ist ein Mädchen!", **verkündet** der Arzt.

Hannah und Stefan sind begeistert. Auf dem Heimweg **besteht** Stefan darauf, dass sie "**Mädchenkram**", wie er es nennt, kaufen gehen.

Als die Jungs hören, dass das neue Baby ein Mädchen ist, sieht sogar Hans erfreut aus.

The **whole** family helps to prepare the new baby's room, and it looks really beautiful when they are **finally** done. The grandmothers on both sides begin to **knit** clothes for the new little girl.

Hannah has to stop working when she is six months pregnant, but she doesn't really mind. Once she was over the **initial** shock, she started looking forward to having a new baby in the family.

Die **ganze** Familie hilft, das Zimmer des neuen Babys vorzubereiten, und es sieht wirklich schön aus, als sie **endlich** fertig sind. Die Großmütter auf beiden Seiten beginnen, Kleidung für das neue kleine Mädchen zu **stricken**.

Hannah muss aufhören zu arbeiten, wenn sie im sechsten Monat schwanger ist, aber es macht ihr nicht wirklich etwas aus. Nachdem sie den **ersten** Schock überwunden hatte, begann sie, sich auf das neue Baby in der Familie zu freuen.

both sides – beide Seiten
to be thrilled about sth. – von etw. begeistert sein
to join – beitreten, verbinden, teilnehmen, anschließen
ultrasound scan – die Ultraschalluntersuchung
sex – das Geschlecht
to announce – ankündigen, waren
to insist – beharren, insistieren, dringen, bestehen
girl's stuff – Mädchensachen, Mädchenkram
whole – ganz, vollständig, gesamt, unversehrt
finally – schließlich, endlich
to knit – stricken
initial – anfänglich

The nine months **pass** quickly, and everything goes well with the birth of the baby. Stefan has tears in his eyes when they **place** his beautiful, **healthy** little girl in his arms. He **leans over** and gives his wife a kiss on her **forehead**.

They name the little girl Laura.

Die neun Monate **vergehen** schnell, und mit der Geburt des Babys geht alles gut. Stefan hat Tränen in den Augen, als sie ihm sein schönes **gesundes** kleines Mädchen in die Arme **legen**. Er **beugt** sich vor und gibt seiner Frau einen Kuss auf die **Stirn**.

Sie nennen das kleine Mädchen Laura.

Laura's brothers are both **charmed** with their new baby sister, and they spend hours playing with her when she is **awake**.

Both **sets** of grandparents come to see the new baby, and even her aunts and uncles bring her cousins to meet her. She is a lucky little girl because she has been born into a large family. Everybody brings clothes and toys for her, and they comment on how beautiful and sweet she is. Little Laura is truly a **blessing** to the family.

Lauras Brüder sind beide **verzaubert** von ihrer neuen kleinen Schwester, und sie verbringen Stunden damit, mit ihr zu spielen, wenn sie **wach** ist.

Beide **Großelternpaare** kommen, um das neue Baby zu sehen, und sogar ihre Tanten und Onkel bringen ihre Cousins und Cousinen mit, um sie kennenzulernen. Sie ist ein glückliches kleines Mädchen, weil sie in eine große Familie hineingeboren wurde. Alle bringen Kleidung und Spielzeug für sie mit, und sie kommentieren, wie schön und süß sie ist. Die kleine Laura ist wirklich ein **Segen** für die Familie.

to pass – passieren, gehen
to place – legen, stellen, platzieren
healthy – gesund
to lean over sb./sth. – sich über jdn./etw. beugen, sich über jdn./etw. lehnen
forehead – die Stirn
to charm – bezaubern
to be awake – wach sein, wachen
set – der Kreis, der Satz, die Reihe
to bless – segnen, preisen, begnaden

Story 5: Emigrating to a New Country
Geschichte 5: Auswanderung in ein neues Land

Today, Karl has some very **important** news **to share with** his family. He has been **offered** a fantastic **opportunity** at the company where he works, but this will mean that they have to emigrate to Sydney, Australia.

He is very pleased and would like to **accept the offer**, but he isn't sure whether his wife, Gretchen, and his son, Hans, are going to be happy about it.

They have been living in Hamburg all their lives, and their parents and other family members live there as well. Hans is a **sophomore** and is doing very well in school. He is a **popular** boy and has lots of friends. He has had the same girlfriend since he was 14 years old, and they are very **close**.

That evening at the dinner table, Karl says, "I have some interesting news to share with you."

Hans grins and says, "What is it, Dad? Have you won the lottery?"

"No, son. I wish I had, but this is **almost** as good."

"Let us hear what you have to say," Gretchen says.

Heute hat Karl seiner Familie eine sehr **wichtige** Nachricht zu **überbringen**. Ihm wurde eine fantastische **Gelegenheit** in der Firma, in der er arbeitet, **angeboten**, aber das wird bedeuten, dass sie nach Sydney, Australien, auswandern müssen.

Er freut sich sehr und würde das **Angebot** gerne **annehmen**, ist sich aber nicht sicher, **ob** seine Frau Gretchen und sein Sohn Hans darüber glücklich sein werden.

Sie leben schon ihr ganzes Leben in Hamburg, und auch ihre Eltern und andere Familienmitglieder wohnen dort. Hans ist ein **Zehntklässler** und macht sich sehr gut in der Schule. Er ist ein **beliebter** Junge und hat viele Freunde. Er hat die gleiche Freundin, seit er 14 Jahre alt ist, und sie **stehen** sich sehr **nahe**.

An diesem Abend am Esstisch sagt Karl: "Ich habe einige interessante Neuigkeiten, die ich mit euch teilen möchte."

Hans grinst und sagt: "Was ist, Papa? Hast du im Lotto gewonnen?"

"Nein, mein Sohn. Ich wünschte, ich hätte es, aber das hier ist **fast** genauso gut."

"Lass uns hören, was du zu sagen hast", sagt Gretchen.

important – wesentlich, wichtig, bedeutend, maßgeblich, einflussreich
to share sth. with sb. – etw. mit jdm. teilen

to offer – anbieten, zeigen, gewähren
opportunity – die Gelegenheit, die Möglichkeit, die Chance
to accept an offer – ein Angebot annehmen
whether – ob
sophomore – der Zehntklässler, der Student im 2. Studienjahr
popular – populär, beliebt
to be close to sb. – jdm. nahestehen [auch emotional]
almost – meist, fast, geradezu, ungefähr

Karl **clears** his **throat** and announces, "I've been offered a fantastic opportunity at work."

"That's wonderful. Tell us about it," Gretchen says.

"As you know, our business has opened a **branch** in Australia, and they want me to go there and manage it for them." Karl pauses for a moment and then continues, "It will mean that we have to emigrate."

"So we have **to move** to Australia and leave everything behind? But our **whole** life is here in Hamburg!" Gretchen protests.

Hans **is upset**, too. He doesn't want **to leave** his girlfriend and all his friends **behind**.

It takes a lot of **convincing**, but Karl manages to make them understand that it is a good move to make, and finally, they agree. He accepts the offer and is told that they will be leaving in two months' time.

Karl **räuspert sich** und verkündet: "Mir wurde eine fantastische Gelegenheit auf der Arbeit angeboten."

"Das ist wunderbar. Erzähl uns davon", sagt Gretchen.

"Wie du weißt, hat unser Unternehmen eine **Niederlassung** in Australien eröffnet, und sie wollen, dass ich dorthin gehe und sie für sie leite." Karl hält einen Moment inne und fährt dann fort: "Das wird bedeuten, dass wir auswandern müssen."

"Wir müssen also nach Australien **ziehen** und alles hinter uns lassen? Aber unser **ganzes** Leben ist doch hier in Hamburg!", protestiert Gretchen.

Auch Hans ist **aufgeregt**. Er will seine Freundin und alle seine Freunde nicht **zurücklassen**.

Es braucht viel **Überzeugungsarbeit**, aber Karl schafft es, ihnen klar zu machen, dass es ein guter Schritt ist, und schließlich stimmen sie zu. Er nimmt das Angebot an und erfährt, dass sie in zwei Monaten abreisen werden.

to clear one's throat – sich räuspern; to clear – räumen, frei machen;
throat – der Hals, die Kehle, der Rachen
branch – die Filiale, die Niederlassung, die Branche
to move – umziehen, bewegen, laufen, rücken

whole – ganz, voll, vollständig, gesamt
to be upset – aufgebracht sein, verärgert sein; upset – bestürzt, verärgert
to leave sb./sth. behind – jdn./etw. hinter sich lassen
to convince – überzeugen

There are a lot of **arrangements** to make and much to be **sorted out** during the next two months.

Gretchen **checks** on the internet for **advice** on the best way to pack for moving **overseas**. Most websites **recommend** that you don't take everything you own because it's risky and very **expensive to ship goods** internationally. She finds out that they won't need many of the **items** they **currently** own, anyway.

Karl's company is **providing** them with a house when they get to Australia, and Gretchen asks for pictures of the house to be emailed to her. She can see what **furniture** and other items would be **suitable** to ship over.

Gretchen holds a **rummage sale** to sell the furniture and other items that they need **to get rid of**, and soon they only have the things left that they are going to take with them.

Es gibt viele **Vorkehrungen** zu treffen und vieles in den nächsten zwei Monaten zu **regeln**.

Gretchen **sucht** im Internet nach **Ratschlägen,** wie man am besten für einen Umzug nach **Übersee** packt. Die meisten Websites **empfehlen**, nicht alles mitzunehmen, was man besitzt, denn es ist riskant und sehr **teuer, Waren** international zu **verschicken**. Sie findet heraus, dass sie viele **Gegenstände**, die sie **derzeit** besitzen, ohnehin nicht brauchen werden.

Karls Firma stellt ihnen ein Haus zur **Verfügung**, wenn sie nach Australien kommen, und Gretchen bittet darum, ihr Bilder des Hauses zu mailen. So kann sie sehen, welche **Möbel** und andere Gegenstände **geeignet** wären, um rüberzuschicken.

Gretchen veranstaltet einen **Ramschverkauf**, um die Möbel und andere Dinge zu verkaufen, die sie **loswerden** müssen, und bald haben sie nur noch die Dinge übrig, die sie mitnehmen wollen.

arrangements – Absprachen, Vorbereitungen
to sort out – klären, ordnen, sortieren, regeln [in Ordnung bringen]
to check – überprüfen, kontrollieren, untersuchen, nachschauen
advice – der Rat, der Ratschlag, die Beratung, das Beraten
overseas – ausländisch
to recommend – empfehlen
expensive – teuer

to ship – absenden
goods – Waren, Güter
item – der Gegenstand
currently – derzeitig, gegenwärtig
to provide – zur Verfügung stellen, versorgen, bieten, liefern, stellen
furniture – Möbel
suitable – geeignet
rummage sale – der Ramschverkauf; **rummage** – der Ramsch, der Trödel
to get rid of – abschaffen, abschütteln, loswerden, beseitigen

Karl has told his friends that he is moving to Australia and they are **sad** that he is leaving, but also excited on his behalf. Sonia, his girlfriend, is very upset. She starts to cry when he tells her.

"I will never see you again," she says tearfully.

Hans is sad too, but he consoles her by telling her that they can talk to each other on Skype every day. They both hope that they will be able to visit each other, but Australia is very far away, and they can't be sure of that.

It is a week before they are **due to** leave, and all their **paperwork** is in **order**. Today, the **shipping company** is coming. They will pack their stuff that they are taking with them to their new country. Once everything has been loaded, they will be staying with Karl's brother, Heinz, and his wife, Alta, until it is time for them to leave.

Karl hat seinen Freunden erzählt, dass er nach Australien zieht, und sie sind **traurig**, dass er geht, aber auch aufgeregt **in seinem Namen**. Sonia, seine Freundin, ist sehr aufgeregt. Sie fängt an zu weinen, als er es ihr erzählt.

"Ich werde dich nie wieder sehen", sagt sie **unter Tränen**.

Hans ist auch traurig, aber er tröstet sie, indem er ihr sagt, dass sie jeden Tag über Skype miteinander reden können. Sie hoffen beide, dass sie sich gegenseitig besuchen können, aber Australien ist sehr weit weg, und sie können sich dessen nicht sicher sein.

Es ist eine Woche vor der Abreise, und der ganze **Papierkram** ist **in Ordnung**. Heute kommt die **Spedition**. Sie werden ihre Sachen packen, die sie mit in ihr neues Land nehmen. Wenn alles verladen ist, werden sie bei Karls Bruder Heinz und dessen Frau Alta wohnen, bis es Zeit für die Abreise ist.

sad – traurig, bedauerlich, schlimm, bekümmert
on his behalf – seinetwegen

tearfully - tränenreich
due to – müssen
paperwork – der Papierkram, Formalitäten
in order – in Ordnung
shipping company – die Versandfirma, der Spediteur

When everything is packed, they take the last of their things and load them into the car. Karl's brother will sell the car once they have left and send them the money.

Karl is on **leave until** they arrive in Australia, and they take the opportunity to visit all the family and friends they are **leaving behind**.

Hans' cousins are **envious** that he is moving to such an interesting country and make him **promise to stay in contact with** them and send lots of photographs. One of his cousins, Gerhardt, wants to know whether he thinks he will be allowed to keep a kangaroo as a **pet**.

Hans laughs and says, "Even if it is possible, I don't think my mother will allow it."

"Maybe you can get her to let you have a koala bear instead," Gerhard says and Hans just laughs.

Als alles gepackt ist, nehmen sie die letzten Sachen und laden sie in das Auto. Karls Bruder wird das Auto verkaufen, wenn sie weg sind, und ihnen das Geld schicken.

Karl ist auf **Urlaub, bis** sie in Australien ankommen, und sie nutzen die Gelegenheit, all die Familie und Freunde zu besuchen, die sie **zurücklassen**.

Die Cousins von Hans sind **neidisch**, dass er in ein so interessantes Land zieht, und lassen ihn **versprechen**, mit ihnen **in Kontakt zu bleiben** und viele Fotos zu schicken. Einer seiner Cousins, Gerhardt, will wissen, ob er glaubt, dass er ein Känguru als **Haustier** halten darf.

Hans lacht und sagt: "Selbst wenn es möglich wäre, glaube ich nicht, dass meine Mutter es erlauben würde."

"Vielleicht kannst du sie überreden, dir stattdessen einen Koalabären zu überlassen", sagt Gerhard, und Hans lacht nur.

leave – der Urlaub
until – bis, solange bis, bis um, so weit, bis
to leave behind – hinterlassen, zurücklassen
envious – neidisch
to promise – versprechen
to stay in contact with sb. – mit jdm. in Kontakt bleiben
pet – das Haustier

The day arrives for the family **to board** their plane for their new country, and all three of them are feeling slightly nervous. They are starting a new life in a new country, and they are not sure what to expect.

The **flight** takes 22 hours and they have **to stop over** in Dubai on the way. They aren't allowed to leave the airport, but there are many interesting shops and they buy souvenirs to take with them to their new country.

When they land in Sydney, the **air hostess** welcomes them as they **disembark**. Hans finds her accent very strange and he can barely understand what she is saying. He thinks that it is going **to take a while** for them to feel at home in this strange, new country.

Der Tag kommt, an dem die Familie das Flugzeug in ihr neues Land **besteigt**, und alle drei sind leicht nervös. Sie beginnen ein neues Leben in einem neuen Land, und sie sind sich nicht sicher, was sie erwartet.

Der **Flug** dauert 22 Stunden, und sie müssen auf dem Weg einen **Zwischenstopp** in Dubai **einlegen.** Sie dürfen den Flughafen nicht verlassen, aber es gibt viele interessante Geschäfte, und sie kaufen Souvenirs, um sie mit in ihr neues Land zu nehmen.

Als sie in Sydney landen, begrüßt die **Stewardess** sie beim **Aussteigen.** Hans findet ihren Akzent sehr seltsam, und er kann **kaum** verstehen, was sie sagt. Er denkt, dass es **eine Weile dauern** wird, bis sie sich in diesem fremden neuen Land zu Hause fühlen.

to board – an Bord gehen, zusteigen
flight – der Flug, die Flugreise
to stop over – die Fahrt unterbrechen, die Reise unterbrechen, kurz haltmachen; stop – die Zwischenlandung
air hostess – die Flugbegleiterin, die Stewardess
to disembark – aussteigen
barely – kaum, knapp, einfach
to take a while – eine Weile dauern

There is someone waiting for them in the **arrivals hall** holding a **sign** that says, "Schneider family." It is one of Karl's new **colleagues**, and he greets them **warmly**.

In der **Ankunftshalle** wartet jemand auf sie, der ein **Schild** mit der Aufschrift "Familie Schneider" hält. Es ist einer von Karls neuen Kollegen, und er begrüßt sie **herzlich**.

"Hi, I am Ben Jones," he says in his **funny** accent. "I will be taking you to your new home. Welcome to Australia."

The shipping company has already delivered their things to their new home, and Ben and some of his colleagues have **unpacked** most of it for them.

Ben says, "We have done the best we could, but just let us know if you would like us to help you move some stuff around."

The family feels very welcome and they think that their new **countrymen** are kind and helpful people. They are sure that they will be happy in their new country.

"Hallo, ich bin Ben Jones", sagt er in seinem **lustigen** Akzent. "Ich werde Sie zu Ihrem neuen Zuhause bringen. Willkommen in Australien."

Die Spedition hat ihre Sachen bereits in ihr neues Zuhause geliefert, und Ben und einige seiner Kollegen haben das meiste für sie **ausgepackt**.

Ben sagt: "Wir haben unser Bestes getan, aber sagen Sie uns einfach Bescheid, wenn Sie möchten, dass wir Ihnen helfen, ein paar Sachen umzustellen."

Die Familie fühlt sich sehr willkommen, und sie denken, dass ihre neuen **Landsleute** freundliche und hilfsbereite Menschen sind. Sie sind sicher, dass sie in ihrem neuen Land glücklich sein werden.

arrivals hall – die Ankunftshalle [Flughafen]
sign – das Zeichen, das Schild, der Wink, die Geste
warmly – warm, herzlich, in freundlicher Weise
funny – lustig, komisch, witzig, spaßig, amüsant
to unpack – auspacken, entpacken
countrymen – Landsleute

Story 6: A Long Stay in the Hospital
Geschichte 6: Ein langer Aufenthalt im Krankenhaus

Heinrich is 33 years old, and usually **quite healthy**, but lately he hasn't been feeling so good. He **collapsed** at his office today and had to be taken to the **emergency room**. The doctor said that he needs to stay in the **hospital** for a few days. They can do some tests to see what is wrong with him.

He is put in a room with three other patients. Like most people, he doesn't like hospitals very much and he hopes that he will be able to go home soon.

For the next few days, he is **subjected** to a lot of tests. When his wife, Anna, comes to visit him, he tells her that they have now done so many tests that he's beginning to feel **a bit like** a **guinea pig**. They laugh at his joke and she hugs him before she leaves.

Heinrich ist 33 Jahre alt und normalerweise **recht gesund**, aber in letzter Zeit ging es ihm nicht so gut. Heute ist er in seinem Büro **zusammengebrochen** und musste in die **Notaufnahme** gebracht werden. Der Arzt hat gesagt, dass er für ein paar Tage im **Krankenhaus** bleiben muss. Sie können einige Tests machen, um zu sehen, was mit ihm nicht stimmt.

Er wird in ein Zimmer mit drei anderen Patienten gesteckt. Wie die meisten Menschen mag er Krankenhäuser nicht besonders, und er hofft, dass er bald nach Hause gehen kann.

In den nächsten Tagen wird er einer Vielzahl von Tests **unterzogen**. Als seine Frau Anna zu Besuch kommt, erzählt er ihr, dass sie jetzt so viele Tests gemacht haben, dass er sich langsam **wie** ein **Versuchskaninchen** fühlt. Sie lachen über seinen Scherz, und sie umarmt ihn, bevor sie geht.

quite – ganz, ziemlich
healthy – gesund
to collapse – zusammenbrechen, zusammenfallen
emergency room – die Notfallambulanz, die Unfallstation; emergency – der Notfall
hospital – das Krankenhaus
to be submitted/subjected to sth. – etw. unterzogen werden
a bit – etwas, ein bisschen
like – wie, ähnlich
guinea pig – die Meersau [Meerschweinchen], die Versuchsperson, der Proband

All the tests are done **at last**, and the doctor comes to see Heinrich to give him the **diagnosis**.

"Mr. Schneider," he says, "we have your diagnosis now, but I am sorry **to inform** you that you will have to stay in the hospital for another two months before you can go home."

"Why so long?" Heinrich asks. He is **disappointed** because he has already been in the hospital for a week. He was hoping that he would be able to go home after the tests.

"We need to have you here so that we can give you the **treatment** you need. We also have to be able to **monitor** your **progress** at all times, and some of the treatments may make you **feel ill**."

He **proceeds** to explain to Heinrich what is wrong with him and what the treatment is going to be. Heinrich calls his wife and tells her the news.

Endlich sind alle Tests gemacht, und der Arzt kommt zu Heinrich, um ihm die Diagnose **mitzuteilen**.

"Herr Schneider", sagt er, "wir haben jetzt Ihre Diagnose, aber ich muss Ihnen leider mitteilen, dass Sie noch zwei Monate im Krankenhaus bleiben müssen, bevor Sie nach Hause gehen können."

"Warum so lange?", fragt Heinrich. Er ist **enttäuscht**, denn er ist bereits seit einer Woche im Krankenhaus. Er hatte gehofft, dass er nach den Untersuchungen nach Hause gehen kann.

"Wir müssen Sie hier haben, damit wir Ihnen die **Behandlung** geben können, die Sie brauchen. Wir müssen auch in der Lage sein, Ihren **Fortschritt** jederzeit zu **überwachen**, und einige der Behandlungen können dazu führen, dass Sie sich **krank fühlen**."

Er erklärt Heinrich, was mit ihm los ist und wie die Behandlung aussehen wird. Heinrich ruft seine Frau an und teilt ihr die Nachricht mit.

at last – endlich, schließlich, zuletzt
to inform – mitteilen, informieren, Bescheid geben
to disappoint – enttäuschen
disappointment – Enttäuschung
treatment – die Behandlung, das Verfahren, die Betrachtung
to monitor – beobachten, kontrollieren
progress – der Fortschritt, die Entwicklung
to feel ill – sich krank fühlen, sich unwohl fühlen [kränklich]
to proceed – fortfahren, weitermachen

Because he is going to stay in the hospital for a long time, he is moved to a room for **long-term** patients. The room is meant for two patients, but for now, Heinrich will be alone.

The room is much more **comfortable** than the one that he came from. It has been **outfitted** for a longer stay and has its own private bathroom. One of the beds is near the window, and he **chooses** that one so that he can see outside when he is in his bed.

Each patient has a small **nightstand** beside their bed. It has a **drawer** and two **shelves** where they can put some of their things. There is also a **closet** with shelves and **hanging rails** with enough **space** to keep **clothing** for a few days for each **occupant**.

Weil er lange im Krankenhaus bleiben wird, wird er in ein Zimmer für **Langzeitpatienten** verlegt. Das Zimmer ist für zwei Patienten gedacht, aber Heinrich wird vorerst allein sein.

Das Zimmer ist viel **komfortabler** als das, aus dem er kam. Es ist für einen längeren Aufenthalt **eingerichtet** und hat ein eigenes Bad. Eines der Betten ist in der Nähe des Fensters, und er **wählt** dieses, damit er nach draußen sehen kann, wenn er in seinem Bett liegt.

Jeder Patient hat einen kleinen **Nachttisch** neben seinem Bett. Es hat eine **Schublade** und zwei **Regale**, in denen sie einige ihrer Sachen unterbringen können. Es gibt auch einen **Schrank** mit **Regalen** und **Kleiderstangen**, der genug **Platz** bietet, um **Kleidung** für ein paar Tage für jeden **Bewohner** aufzubewahren.

long-term – langzeitig
comfortable – behaglich, bequem, gemütlich, angenehm
to outfit – ausrüsten, ausstatten
to choose, chose, chosen – /aus/wählen, aussuchen, sich für etwas entscheiden
nightstand – der Nachttisch
drawer – die Schublade
shelve – das Regal
closet – der Wandschrank
hanging rail – die Kleiderstange
space – der Raum, der freier Raum, das Leerzeichen, der Weltraum
clothing – die Kleidung
occupant – der Inhaber, der Bewohner

In the corner of the room near the window, there are two comfortable chairs for them to sit in when they are not in their beds, and a small coffee table with magazines and books. A TV is mounted on the wall so that the patients can see the **screen** from their beds or the chairs.

Against the far wall, there is a mini-**fridge** that is shared between the two patients. The room also has a **double** door that leads to a private balcony with a small table and two chairs so that the patients can sit **outside** and get **fresh air** and **sunshine**.

Once he is settled in the new room, Anna brings him some things to keep him entertained and make him more comfortable. She brings his **pillows** from their bed because he **complained** that the hospital pillows are **lumpy** and uncomfortable. She also brings him a colorful **comforter** to put over his bed to bring a **splash of color** into the room.

In der Ecke des Zimmers in der Nähe des Fensters stehen zwei bequeme Stühle, auf denen sie sitzen können, wenn sie nicht in ihren Betten liegen, und ein kleiner Couchtisch mit Zeitschriften und Büchern. An der Wand ist ein Fernseher so angebracht, dass die Patienten den **Bildschirm** vom Bett oder vom Stuhl aus sehen können.

An der gegenüberliegenden Wand befindet sich ein Mini-**Kühlschrank**, den sich die beiden Patienten teilen. Das Zimmer hat auch eine **Doppeltür**, die zu einem privaten Balkon mit einem kleinen Tisch und zwei Stühlen führt, damit die Patienten **draußen** sitzen und **frische Luft** und **Sonne tanken** können.

Sobald er sich im neuen Zimmer eingelebt hat, bringt Anna ihm einige Dinge, um ihn zu unterhalten und es ihm bequemer zu machen. Sie bringt ihm seine **Kissen** aus ihrem Bett, weil er sich **beschwert** hat, dass die Krankenhauskissen **klumpig** und unbequem sind. Sie bringt ihm auch eine **bunte Decke**, die sie über sein Bett legt, um einen **Farbtupfer** in den Raum zu bringen.

screen – der Schirm, der Bildschirm, der Wandschirm
fridge – der Kühlschrank
double – zweifach, doppelt
outside – außerhalb, außen, draußen
fresh air – die frische Luft
Sunshine – der Sonnenschein
pillow – das Kissen
to complain – beschweren, klagen, beklagen
lumpy – klumpig

comforter – die Steppdecke
splash of color – Farbklecks

She packs clothes for him to wear during the daytime. He doesn't have to stay in bed all the time, and they don't have to wear **pajamas** during the day. She **includes** pajamas, his comfortable **slippers**, and a dressing gown, and stores them in the closet **along with** his **toiletries**. She doesn't bring a **towel** because the ones **supplied** by the hospital are nice and **fluffy** and get changed every day.

"Please, next time you come, will you bring my laptop and some **snacks** and drinks **as well?**" he asks her before she leaves.

"Of course, my dear. I'll bring **anything** you want." She gives him a kiss to say goodbye. She misses him a lot and the house feels **empty** without him there. She isn't looking forward to the next two months and hopes that he will **get well** soon.

Sie packt Kleidung für ihn ein, die er tagsüber tragen kann. Er muss nicht die ganze Zeit im Bett bleiben, und sie müssen tagsüber keine **Pyjamas** tragen. Sie **packt** einen Schlafanzug, seine bequemen **Hausschuhe** und einen Morgenmantel ein und verstaut sie im Schrank **zusammen** mit seinen **Toilettenartikeln**. Ein **Handtuch** bringt sie nicht mit, denn die vom Krankenhaus **zur Verfügung gestellten** sind schön **flauschig** und werden jeden Tag gewechselt.

"Bitte, wenn du das nächste Mal kommst, bringst du dann **auch** meinen Laptop und ein paar **Snacks** und Getränke mit?", fragt er sie, bevor sie geht.

"Natürlich, meine Liebe. Ich bringe dir **alles**, was du willst." Sie gibt ihm einen Kuss zum Abschied. Sie vermisst ihn sehr, und das Haus fühlt sich **leer** an, wenn er nicht da ist. Sie freut sich nicht auf die nächsten zwei Monate und hofft, dass er bald wieder **gesund wird**.

pajama – Schlafanzug-, Pyjama-
to include – einreichen, umfassen, einfügen, einnehmen
slippers – Hausschuhe
along with – mitsamt
toiletries – Hygieneartikel, Toilettenartikel
towel – das Handtuch
to supply – liefern, versorgen, bereitstellen
fluffy – flauschig
snacks – Knabberzeug, Snacks
as well – auch, außerdem, ebenfalls, genauso

anything – etwas, irgendetwas, alles
empty – leer, hohl
to get well – gesund werden

The next day when she comes, she brings his laptop, some books to read, and the snacks and drinks that he asked for. The food in the hospital is quite good, so she doesn't need to bring him food as well.

The days go by, and Heinrich wishes that another patient would join him in the room. **At least** he would have someone to talk to. Anna is only allowed to visit him for an hour in the morning and an hour again in the evenings. The nurses are friendly, but they are all very **busy** and they don't have much time to stop for a chat.

After about three weeks of being alone in the room, Heinrich is told that a new patient will be joining him. He is lonely during the day and is looking forward **to having company.**

Wenn sie am nächsten Tag kommt, bringt sie seinen Laptop, einige Bücher zum Lesen und die Snacks und Getränke mit, um die er gebeten hat. Das Essen im Krankenhaus ist recht gut, also muss sie ihm nicht auch noch Essen mitbringen.

Die Tage vergehen, und Heinrich wünscht sich, dass ein anderer Patient zu ihm ins Zimmer käme. Dann hätte er **wenigstens** jemanden, mit dem er reden könnte. Anna darf ihn nur morgens eine Stunde lang besuchen und abends noch einmal eine Stunde. Die Schwestern sind freundlich, aber sie sind alle sehr **beschäftigt** und haben kaum Zeit für ein Gespräch.

Nach etwa drei Wochen des Alleinseins im Zimmer erfährt Heinrich, dass ein neuer Patient zu ihm kommen wird. Er ist tagsüber einsam und freut sich auf **Gesellschaft.**

at least – mindestens, wenigstens, zumindest
busy – beschäftigt, belegt, geschäftigt, tätig
to have company – Gesellschaft haben, Gäste haben

The new **arrival** is an older man named Peter. He is friendly and makes interesting **conversation.** Heinrich and Peter **get along** very well. They spend hours chatting with each other and they become friends.

Der **Neuankömmling** ist ein älterer Mann namens Peter. Er ist freundlich und macht interessante **Gespräche.** Heinrich und Peter **verstehen sich sehr gut.** Sie verbringen Stunden damit, miteinander zu plaudern, und sie werden Freunde.

It is Heinrich's last day at the hospital. The treatment has been successful and the doctor is **satisfied** that he can go home.

"**Take it easy** for another week or two while you're at home, and you will **be fit** for work **in no time**," the doctor tells him as he **signs** the **form** for Heinrich's **release**.

Anne is very happy to have her husband back at home again and welcomes him with a **delicious** cake that she **baked** for his **homecoming**. Heinrich goes to visit Peter at the hospital often. He knows how boring and lonely it can get during a long stay in the hospital.

Es ist Heinrichs letzter Tag im Krankenhaus. Die Behandlung war erfolgreich, und der Arzt ist **zufrieden**, sodass er nach Hause gehen kann.

"Noch ein, zwei Wochen zu Hause **schonen**, dann sind Sie **bald wieder arbeitsfähig**", sagt der Arzt, als er das **Entlassungsformular** für Heinrich **unterschreibt**.

Anne ist sehr glücklich, ihren Mann wieder zu Hause zu haben und begrüßt ihn mit einem **leckeren** Kuchen, den sie für seine **Heimkehr gebacken** hat. Heinrich besucht Peter oft im Krankenhaus. Er weiß, wie langweilig und einsam es bei einem langen Krankenhausaufenthalt werden kann.

arrival – der Ankömmling
conversation – das Gespräch, die Unterhaltung, die Konversation
to get along well – gut miteinander auskommen [sich vertragen]
to satisfy – erfüllen, genügen, befriedigen
to take sth. easy – sich schonen
etw. auf die leichte Schulter nehmen
to be fit – in Form sein, geeignet sein
in no time – auf der Stelle, im Nu, sofort
to sign – unterzeichnen, unterschreiben
release form – die Entlassungsformular; form – das Formular
to release – freigeben, veröffentlichen, loslassen, lösen
delicious – lecker, köstlich
to bake – backen
homecoming – die Heimkehr, die Heimkunft

Story 7: Going for a Job Interview
Geschichte 7: Zu einem Vorstellungsgespräch gehen

Jacob has just **finished** his **finals** and today is **graduation** day. After graduation, he is going to take a short **holiday**, and then he has to start looking for a job. He lives with his parents. They have already told him that he will have to start **paying rent once** his studies are completed.

The **graduation ceremony** is almost over. All the students sit in their black caps and gowns, waiting for the last words of the **dean**'s **speech** to **fade away** so that they can **throw** their caps into the air.

He finally finishes and the students jump up. With a **loud cheer**, they throw their caps into the air. Jacob throws his cap the **highest**. He feels very **proud**. He **studied** hard for his **degree in economics** and **got straight A's** for all of his **subjects**.

Jacob hat gerade seine Abschlussprüfungen **beendet**, und heute ist der Tag des **Abschlusses**. Nach dem **Abschluss** wird er einen kurzen **Urlaub** machen, und dann muss er sich auf die Suche nach einem Job machen. Er wohnt bei seinen Eltern. Sie haben ihm bereits gesagt, dass er anfangen muss, **Miete zu zahlen, sobald** sein Studium abgeschlossen ist.

Die **Abschlussfeier** ist fast vorbei. Alle Studenten sitzen in ihren schwarzen Kappen und Talaren und warten darauf, dass die letzten Worte der **Rede** des **Dekans verklingen**, damit sie ihre Kappen in die Luft **werfen** können.

Endlich ist er fertig, und die Schüler springen auf. Mit einem **lauten Jubel** werfen sie ihre Mützen in die Luft. Jakob wirft seine Mütze **am höchsten**. Er ist sehr **stolz**. Er hat hart für seinen **Abschluss** in **Wirtschaftswissenschaften gelernt** und in allen **Fächern nur Einsen bekommen**.

to finish – beenden, fertigstellen, fertigmachen
finals – die Abschlussprüfung
graduation – der Abschluss
holiday – der Feiertag, der Urlaub
to pay rent – Miete zahlen
once – sobald, wenn, als, einstmals, dereinst
graduation ceremony – die Abschlussfeier
dean – der Dekan
speech – die Rede

to fade away – dahinschwinden, verblassen, ausklingen, verrauschen
to throw, threw, thrown – werfen, schmeißen, drehen
loud cheer – lauter Jubel
highest – höchste
proud – stolz, hochmütig
to study – studieren, untersuchen, lernen, erforschen
degree – der Grad, das Maß, der Abschluss
economics – die Wirtschaftswissenschaft
to get straight A's – alles mit Eins bestehen
straight – gerade, direkt
subject – der Gegenstand, das Subjekt, das Fach, das Thema

He goes away for two weeks with his friends, and they party and have **loads of** fun. They know that this is the last time they will feel so free. When they go back, the **corporate** world **awaits**, and when they start working, they will be **adults**.

Er fährt für zwei Wochen mit seinen Freunden weg, und sie feiern und haben **jede Menge Spaß**. Sie wissen, dass dies das letzte Mal ist, dass sie sich so frei fühlen werden. Wenn sie zurückkehren, **wartet** die **Unternehmenswelt** auf sie, und wenn sie anfangen zu arbeiten, werden sie **erwachsen** sein.

The holiday is over, and Jacob is sitting **in front of** his computer. He has prepared his **resume** and **uploaded** it to several sites. He has also sent emails to **different** companies to **apply for the positions** they are offering. Finding a job takes a lot of **effort**.

Der Urlaub ist vorbei, und Jakob sitzt **vor** seinem Computer. Er hat seinen **Lebenslauf** vorbereitet und ihn auf verschiedene Websites **hochgeladen**. Außerdem hat er E-Mails an **verschiedene** Unternehmen geschickt, um sich auf die angebotenen **Stellen zu bewerben**. Einen Job zu finden, ist sehr **anstrengend**.

He checks his **mailbox** to see if he has had a **response** to any of his **applications**. There is an email from a company inviting him for an **interview**. He responds to the email, thanking them for the invitation and **confirming** that he is **available** at the time they **suggested**.

Er überprüft sein **Postfach**, um zu sehen, ob er eine **Antwort** auf eine seiner **Bewerbungen** erhalten hat. Es gibt eine E-Mail von einem Unternehmen, das ihn zu einem **Vorstellungsgespräch** einlädt. Er antwortet auf die E-Mail, bedankt sich für die **Einladung** und **bestätigt**, dass er zu der **vorgeschlagenen** Zeit **verfügbar** ist.

loads of – die eine Menge
fun – der Spaß, das Vergnügen, die Freude
corporate world – die Geschäftswelt
to await sb./sth. – auf jdn./etw. warten
adult – der Erwachsener, die Erwachsene
in front of – vor
resume – der Lebenslauf, das Fazit
to upload – hochladen
different – andere, verschieden
to apply for a position – sich für eine Stelle bewerben
to apply – anbringen, anlegen, beantragen, anwenden
effort – der Aufwand, die Anstrengung, die Mühe
mailbox – das Postfach
response – die Rückmeldung, die Antwort
application – die Stellenbewerbung
interview – das Vorstellungsgespräch
invitation – die Einladung, die Aufforderung
to confirm – bestätigen, befestigen, bekräftigen
available – verfügbar
to suggest – andeuten, vermuten, vorschlagen, hinweisen, behaupten

He takes his **diary** and **jots down** the address of the company. The interview is tomorrow morning at 9 am, and he is already feeling nervous.

That night, he doesn't sleep very well, and he feels tired when he wakes up. He takes a **cold shower** and drinks a cup of black coffee. He feels better, but he is too nervous to have breakfast.

He dresses carefully. He is **wearing** a new **suit** with a **smart** shirt and a **tie**. His father always says that first **impressions** are the **most important**, and he wants to make a good first impression. He leaves early **in case** the traffic is heavy. He doesn't want **to be late**.

Er nimmt seinen **Terminkalender** und **notiert** sich die Adresse der Firma. Das Vorstellungsgespräch ist morgen früh um 9 Uhr, und er ist schon jetzt nervös.

In dieser Nacht schläft er nicht sehr gut und fühlt sich müde, als er aufwacht. Er nimmt eine **kalte Dusche** und trinkt eine Tasse schwarzen Kaffee. Er fühlt sich besser, aber er ist zu nervös, um zu frühstücken.

Er kleidet sich sorgfältig. Er **trägt** einen neuen **Anzug** mit einem **schicken** Hemd und einer **Krawatte**. Sein Vater sagt immer, dass der erste **Eindruck** am **wichtigsten** ist, und er möchte einen guten ersten Eindruck machen. Er fährt früh los, **falls** der Verkehr stark ist. Er möchte nicht zu **spät** kommen.

He arrives at the office of the company 15 minutes early and **lets out a sigh of relief**. Things are going well **so far**. There are already a few other **applicants** waiting in the **reception area**. Some of them have **clipboards** on their **laps**, and they are busy writing on the forms that are **clipped** to them.

Er kommt 15 Minuten zu früh im Büro der Firma an und stößt einen **Seufzer der Erleichterung** aus. **Bis jetzt** läuft alles gut. Im **Empfangsbereich** warten bereits ein paar andere **Bewerber**. Einige von ihnen haben **Klemmbretter** auf dem **Schoß** und schreiben fleißig auf den Formularen, die daran **angeheftet** sind.

diary – **das Tagebuch, der Terminkalender**
to jot sth. down – **etw. kurz notieren**
cold shower – **die kalte Dusche**
to wear, wore, worn – **tragen /Kleidung/**
suit – **der Anzug**
smart – **elegant, schlau, klug**
tie – **die Krawatte**
impression – **der Eindruck, die Wirkung**
most important – **wichtigste**
in case – **falls**
to be late – **sich verspäten, spät dran sein**
to let out – **freilassen, hinauslassen**
sigh of relief – **der Seufzer der Erleichterung**
so far – **bisher, soweit**
far – **weit, fern**
applicant – **der Bewerber**
reception area – **die Pforte, der Empfangsbereich**
clipboard – **das Klemmbrett**
lap – **der Schoß**
to clip – **klammern, klemmen**

The receptionist **hands** him a clipboard. "Please **complete** the form and hand it back to me when you're done." He takes a seat and joins the other applicants. The pen that is **attached** to the clipboard doesn't write **properly**, and he is **grateful** that he has his own pen in his **pocket**. He uses it to complete the form.

Die Empfangsdame **reicht** ihm ein Klemmbrett. "Bitte **füllen** Sie das Formular aus und geben Sie es mir zurück, wenn Sie fertig sind." Er nimmt Platz und gesellt sich zu den anderen Bewerbern. Der Stift, der an dem Klemmbrett **befestigt** ist, schreibt nicht **richtig**, und er **ist dankbar**, dass er seinen eigenen Stift in der **Tasche** hat. Mit ihm füllt er das Formular aus.

When he is done, he hands the clipboard back to the receptionist and she **takes it through** to the **personnel manager's** office. She tells him, "You're next on the list. Mr. Fischer is just finishing the interview that he's busy with. Please take a seat. I will call you when it's your turn."

The office door opens and a short young man with glasses comes out. He looks **relieved** that his interview is over.

"You can go through, Mr. Weber," the receptionist says. "Mr. Fischer will see you now."

Jacob can feel his heart beating. He **takes a deep breath to calm** himself and **straightens** his tie.

Als er fertig ist, gibt er das Klemmbrett an die Empfangsdame zurück, die es in das Büro des **Personalleiters weiterleitet**. Sie sagt ihm: "Sie sind der Nächste auf der Liste. Herr Fischer beendet gerade das Interview, mit dem er beschäftigt ist. Bitte nehmen Sie Platz. Ich rufe Sie dann, wenn Sie an der Reihe sind."

Die Bürotür öffnet sich, und ein kleiner junger Mann mit Brille kommt heraus. Er sieht **erleichtert** aus, dass sein Vorstellungsgespräch vorbei ist.

"Sie können durchgehen, Herr Weber", sagt die Empfangsdame. "Herr Fischer wird Sie jetzt empfangen."

Jacob kann sein Herz schlagen spüren. Er **holt tief Luft**, um sich zu **beruhigen**, und **richtet** seine Krawatte.

to hand – reichen [geben, hinhalten]
to complete – ausfüllen, beenden, fertig stellen, abschließen
to attach – anhängen, hinzufügen, befestigen
properly – echt, geeignet, richtig, genau
to be grateful – dankbar sein
pocket – die Tasche
to take through – weiterleiten, übermitteln
personnel manager – der Leiter der Personalabteilung
to relieve – entlasten, lindern, erleichtern, befreien
take a deep breath – tief durchatmen, tief Atem holen; breath – der Atem
to calm – beruhigen
to straighten – gerade machen, in Ordnung bringen, gerade ziehen, richten

Mr. Fischer gives him a friendly smile as he **enters** the office. "Take a seat, Mr. Weber. Please give me a moment to take a look at your form, and then we can proceed with the interview."

After **a few moments**, Mr. Fisher **looks up** from the form. "I see that you have a degree in economics and that you got straight A's. Well done."

"Thank you, sir," Jacob responds. He's not sure what else to say.

Mr. Fisher looks at the form **again** for a few moments and then asks, "So, Mr. Weber, tell me, why did you decide to apply for this position?"

Jacob is ready for his question. He has been **researching** what to say at interviews. He has also done some research on the **background** of the company. "I think that your company is **stable**, and it's doing well on the **stock market**. I believe that I can make a positive **contribution** if I am given the opportunity," he responds.

"What would you say your **strong points** are?" Mr. Fisher asks.

Herr Fischer schenkt ihm ein freundliches Lächeln, als er das Büro **betritt**. "Nehmen Sie Platz, Herr Weber. Bitte geben Sie mir einen Moment Zeit, um einen Blick auf Ihr Formular zu werfen, und dann können wir mit dem Interview fortfahren."

Nach **ein paar Augenblicken schaut** Herr Fisher vom Formular **auf**. "Ich sehe, dass Sie einen Abschluss in Wirtschaftswissenschaften haben und eine glatte Eins. Gut gemacht."

"Danke", antwortet Jacob. Er ist sich nicht sicher, was er sonst noch sagen soll.

Herr Fisher schaut sich das Formular **noch einmal** kurz an und fragt dann: "Also, Herr Weber, sagen Sie mir, warum haben Sie sich für diese Stelle beworben?"

Jakob ist bereit für seine Frage. Er hat **recherchiert**, was er bei Vorstellungsgesprächen sagen sollte. Er hat auch einige Nachforschungen über den **Hintergrund** des Unternehmens angestellt. "Ich denke, dass Ihr Unternehmen **stabil** ist und sich an der **Börse** gut schlägt. Ich glaube, dass ich einen positiven **Beitrag** leisten kann, wenn man mir die Möglichkeit gibt", antwortet er.

"Was, würden Sie sagen, sind Ihre **Stärken**?", fragt Herr Fisher.

"I am a hard worker and I am **loyal**. I learn **quickly**, and I'm not afraid **to take on a challenge**," Jacob responds.

"Ich bin ein harter Arbeiter und **loyal**. Ich lerne **schnell** und habe keine Angst, eine **Herausforderung anzunehmen**", antwortet Jacob.

to enter – **eintreten, hereinkommen**
a few – **einige, ein paar**
moment – **der Augenblick**
to look up – **aufschauen, nachschlagen, betrachten, aufblicken**
again – **nochmal, wieder**
to research – **erforschen, recherchieren**
background – **der Hintergrund**
stable – **stabil**
stock market – **der Aktienmarkt, die Börse; stock – die Aktie**
contribution – **der Beitrag**
strong point – **die Stärke [starke Seite]**
loyal – **loyal, treu**
quickly – **schnell**
to take on a challenge – **die Herausforderung annehmen; challenge – die Herausforderung**

"That **sounds good**. How do you feel about **working overtime**? We often have to work late at the end of the month and you would be expected to do the same."

"Das **klingt gut**. Was halten Sie davon, **Überstunden zu machen**? Wir müssen am Monatsende oft Überstunden machen, und von Ihnen würde dasselbe erwartet werden."

"I don't mind working overtime if it will help **to advance** my career."

"Es macht mir nichts aus, Überstunden zu machen, wenn es meine Karriere **voranbringt**."

"I see." Mr. Fisher **scribbles** a few notes on the form.

"Ich verstehe." Herr Fisher **kritzelt** ein paar Notizen auf das Formular.

He asks a few more questions and then tells Jacob that he would like him to make an appointment with the receptionist on his way out. He wants Jacob to come back for a second interview with the person that will be his manager if he gets the position.

Er stellt noch ein paar Fragen und sagt Jacob dann, dass er ihn bitten möchte, auf dem Weg nach draußen einen Termin mit der Empfangsdame zu vereinbaren. Er möchte, dass Jacob für ein zweites Gespräch mit der Person zurückkommt, die sein Manager sein wird, wenn er die Stelle bekommt.

This is great news and Jacob is very pleased. He has a huge grin on his face when he leaves the office.

Jacob goes for three more interviews and they are all **similar** to the first one that he had. Two of the four companies he applied to invite him for a second interview, and they both offer him the position. He decides that he would like to start his career at the company where he had his first interview and accepts their offer. His hard work has **paid off** and his adult life begins.

Das sind großartige Neuigkeiten, und Jacob ist sehr erfreut. Er hat ein breites Grinsen im Gesicht, als er das Büro verlässt.

Jakob geht zu drei weiteren Vorstellungsgesprächen, und sie sind alle **ähnlich** wie das erste, das er hatte. Zwei der vier Unternehmen, bei denen er sich beworben hat, laden ihn zu einem zweiten Vorstellungsgespräch ein, und beide bieten ihm die Stelle an. Er beschließt, dass er seine Karriere bei dem Unternehmen beginnen möchte, bei dem er sein erstes Vorstellungsgespräch hatte, und nimmt ihr Angebot an. Seine harte Arbeit hat **sich gelohnt**, und sein Erwachsenenleben beginnt.

sounds good – klingt gut
to work overtime – Überstunden machen
to advance – fortschreiten, beschleunigen, weiterentwickeln
to scribble – kritzeln
similar – ähnlich, gleich
to pay off – sich bezahlt machen, sich lohnen

Story 8: A High School Reunion
Geschichte 8: Ein Hochschul-Treffen

Jurgen and Mila were **high school sweethearts**. They got married **as soon as** they completed their studies. This year, it will be their 20th high **school reunion**, and Mila has just received the invitation via email.

"We have been invited to our 20th high school reunion," she says to Jurgen. "We missed our 15th reunion because we were in America that year, and I would really like to go to this one."

"Of course we should go," Jurgen responds. "It will be great to see all our old school friends again."

"And **enemies**," Mila says and laughs. There were two girls at the school that Mila didn't **get along with** very well. "I **wonder** if Anna and Martha will be there."

Jürgen und Mila waren schon in der **Schule ein Paar**. Sie heirateten, **sobald** sie ihr Studium abgeschlossen hatten. Dieses Jahr wird es ihr 20. **Klassentreffen** sein, und Mila hat gerade die Einladung per E-Mail erhalten.

"Wir sind zu unserem 20. Klassentreffen eingeladen worden", sagt sie zu Jürgen. "Wir haben unser 15. Klassentreffen verpasst, weil wir in dem Jahr in Amerika waren, und ich würde wirklich gerne zu diesem gehen."

"Natürlich sollten wir gehen", antwortet Jürgen. "Es wird toll sein, alle unsere alten Schulfreunde wiederzusehen."

"Und **Feinde**", sagt Mila und lacht. Es gab zwei Mädchen an der Schule, mit denen sich Mila nicht besonders **gut verstand**. "Ich **frage mich**, ob Anna und Martha dort sein werden."

high school – Gymnasium oder Oberstufenschule [14-18 Jahre]
sweetheart – der Schatz, der Liebling, Freund[in]
as soon as – sobald, gleich als
school reunion – das Klassentreffen; reunion – das Treffen, das Wiedersehenstreffen
enemy – der Feind
to get along with sb. – sich mit jdm. verstehen
to wonder – sich wundern, sich fragen, gern wissen wollen, sich Gedanken machen

"Now, don't you go making **trouble** again." Jurgen grins, **waving** a finger at her. At their 10th reunion, Anna said something **nasty** to Mila and Mila **spilled** her drink down the front of Anna's dress **on purpose**.

"I promise **to behave**," Mila says, trying to look **sincere**.

Mila goes to a smart boutique and buys a beautiful red dress with a **matching** pair of **heels** for the **occasion**. She also makes an appointment at the **hairdresser's** to have her hair done and decides that she will go for a manicure as well. She wants to look her best.

The day of the reunion arrives and Martha has just returned from the hairdresser's. Her long blonde hair is **piled** on **top** of her head with lovely **soft curls hanging** down her **back**. Her **nails** are beautifully manicured, and she feels good. She takes hours with her **make-up**, and Jurgen tells her to **hurry up** or they will be late. She **slips** on the new dress and heels, and does a pirouette in front of the mirror. She is very **satisfied** with her look.

"Jetzt mach nicht schon wieder **Ärger**." Jürgen grinst und **winkt** ihr mit dem Finger zu. Bei ihrem 10. Klassentreffen sagte Anna etwas **Böses** zu Mila, und Mila **schüttete** ihr Getränk **absichtlich** auf Annas Kleid.

"Ich verspreche, mich zu **benehmen**", sagt Mila und versucht, **aufrichtig** zu wirken.

Mila geht in eine schicke Boutique und kauft für den **Anlass** ein schönes rotes Kleid mit einem **passenden** Paar **Schuhe mit hohen Absätzen**. Sie macht auch einen Termin beim **Friseur**, um sich die Haare machen zu lassen, und beschließt, dass sie auch zur Maniküre geht. Sie will sich von ihrer besten Seite zeigen.

Der Tag des Klassentreffen ist gekommen, und Martha ist gerade vom Friseur zurückgekehrt. Ihr langes blondes Haar ist **oben** auf dem Kopf **aufgetürmt**, schöne **weiche Locken hängen** ihr über den **Rücken**. Ihre **Nägel** sind schön manikürt, und sie fühlt sich gut. Sie braucht Stunden mit ihrem Make-up, und Jürgen sagt ihr, sie solle sich **beeilen**, sonst kämen sie zu spät. Sie **schlüpft** in das neue Kleid und die Schuhe und dreht eine Pirouette vor dem Spiegel. Sie ist **sehr zufrieden** mit ihrem Aussehen.

trouble – die Schwierigkeiten, die Mühe, das Problem
to wave – winken, schwenken, wellen, wehen
nasty – gemein, fies, ekelhaft, hässlich
to spill sth. – etw. vergießen, verschütten

on purpose – absichtlich, bewusst, mutwillig
to behave – sich verhalten, sich benehmen, sich gut benehmen, sich geben
sincere – aufrichtig, ehrlich, herzlich, offen
to match – entsprechen, übereinstimmen, passen
heels – Schuhabsätze, Stöckelschuhe
occasion – der Anlass, die Gelegenheit, die Veranlassung, das Ereignis
hairdresser – der Friseur
to pile – anhäufen, auftürmen
on top – oben; top – das Top, die Spitze, der Gipfel, die obere Seite
soft – weich, sanft
curls – Locken
hanging down – herabhängend
back – der Rücken, die Rückseite
nail – der Nagel
to hurry sb./sth. up – jdn./etw. vorantreiben; to hurry – eilen, hasten
to slip – rutschen, ausgleiten, schlüpfen
to satisfy – erfüllen, befriedigen

"What do you think, Jurgen?" she asks.

Jurgen gives her a **wolf whistle** and says, "Wow, you look really **stunning**. I'm **honored** to be your date tonight."

Mila smiles and **gives him a kiss**. She likes it when Jurgen says nice things to her.

Jurgen doesn't make that much effort. He is a man, after all. He just **brushes** his hair and **shaves**. He is wearing a black **tuxedo** and his shoes are **polished** to a **shine**.

He **surprises** Mila with a corsage with white roses and **carnations** and **pins** it to her dress.

"Was denkst du, Jürgen?", fragt sie.

Jürgen gibt ihr einen **Wolfspfiff** und sagt: "Wow, du siehst wirklich **umwerfend** aus. Ich fühle mich **geehrt**, heute Abend dein Date zu sein."

Mila lächelt und **gibt** ihm einen **Kuss**. Sie mag es, wenn Jürgen nette Dinge zu ihr sagt.

Jürgen gibt sich nicht so viel Mühe. Er ist ja schließlich ein Mann. Er **bürstet** sich nur die **Haare** und **rasiert** sich. Er trägt einen schwarzen **Smoking**, und seine Schuhe sind auf **Hochglanz poliert**.

Er **überrascht** Mila mit einer Korsage mit weißen Rosen und **Nelken** und **heftet** sie an ihr Kleid.

For his **lapel**, he has ordered a single red rose to match her outfit.

Like the **true** gentleman that he is, he helps Mina into the car and they drive to the venue where the reunion is being **held**.

The hall is beautifully decorated, and round tables with black and white **tablecloths** are **set** for the guests at the far end of the room. Each seating is **marked** with a **place card** that is elegantly **engraved** with the name of the guest who will sit there.

Für sein **Revers** hat er eine einzelne rote Rose bestellt, passend zu ihrem Outfit.

Wie der **wahre** Gentleman, der er ist, hilft er Mila ins Auto, und sie fahren zu dem Ort, an dem das Klassentreffen **stattfindet**.

Der Saal ist wunderschön dekoriert, und am hinteren Ende des Raumes sind runde Tische mit schwarz-weißen **Tischdecken** für die Gäste **gedeckt**. Jeder Sitzplatz ist mit einer **Tischkarte gekennzeichnet**, die elegant mit dem Namen des Gastes **graviert** ist, der dort sitzen wird.

wolf whistle – der Wolfspfiff; whistle – die Pfeife
stunning – atemberaubend
to honor – ehren
to give sb. a kiss – jdm. einen Kuss geben
to brush one's hair – sein Haar bürsten
to shave – rasieren
tuxedo – der Smoking
to polish – polieren, putzen, schleifen
shine – der Schein, der Glanz
carnation – die Nelke
to pin – anheften, feststecken, befestigen, verstiften
lapel – das Revers
true – wahr
to hold, held, held – abhalten [Treffen, Versammlung]
tablecloth – das Tischtuch, die Tischdecke, das Tafeltuch
to set, set, set – setzen, stellen, legen, auflegen
to mark – markieren, anzeichnen
place card – die Tischkarte; place – der Platz, der Ort
to engrave – eingravieren

There is a **gentle hum of conversation** in the room, and most of the guests are holding a glass of champagne. **Waiters** are **moving around**, offering snacks or **exchanging** empty champagne glasses for full ones.

One of Jurgen's old school friends **notices** Jurgen and Mina at the entrance and **beckons** them to come and join him. There is a beautiful woman standing **beside** him, and Mina wonders who she is. The friend's name is James, and every time they see him, he has a different woman on his arm.

Jurgen takes Mina by the **elbow** and **steers** her through the crowded room toward his friend. They haven't seen each other for a long time, and he is looking forward to chatting with him.

On the way, he stops a waiter and takes a glass of champagne for each of them.

"Hi, Jurgen! Hi, Mina!" his friend **calls out** as they approach.

Mina and Jurgen **push their way through** the last few people and join James and the woman.

Es herrscht ein **leises Summen der Unterhaltung** im Raum, die meisten Gäste halten ein Glas Champagner in der Hand. Kellner **gehen umher**, bieten Snacks an oder **tauschen** leere Champagnergläser gegen volle **aus**.

Einer von Jürgens alten Schulfreunden **bemerkt** Jürgen und Mina am Eingang und **winkt** sie zu sich heran. **Neben** ihm steht eine schöne Frau, und Mina fragt sich, wer sie ist. Der Freund heißt James, und jedes Mal, wenn sie ihn sehen, hat er eine andere Frau am Arm.

Jürgen nimmt Mina am **Ellenbogen** und **steuert** sie durch den überfüllten Raum auf seinen Freund zu. Sie haben sich schon lange nicht mehr gesehen, und er freut sich darauf, mit ihm zu plaudern.

Unterwegs hält er einen Kellner an und nimmt für jeden ein Glas Champagner.

"Hi, Jürgen! Hallo, Mina!", **ruft** sein Freund, als sie sich nähern.

Mina und Jürgen **drängen sich** durch die letzten Leute und gesellen sich zu James und der Frau.

gentle – **sanft, zart, leicht, leise**
hum – **das Summen**
conversation – **die Unterhaltung, das Gespräch**
waiter – **der Kellner**
to move around – **umhergehen**
to exchange – **eintauschen, wechseln**
to notice – **bemerken, beachten, feststellen**

to beckon – winken
beside – neben, außer, ohne, etwas abseits
elbow – der Ellenbogen
to steer – führen, lenken, steuern
to call out – herausrufen, ausrufen; to call – rufen, einladen, nennen
to push one's way through – sich den Weg bahnen, sich durchdrängen;
through – hindurch, bis, durch

"Anya, this is Mina and Jurgen. Mina and Jurgen, this is Anya, my wife," he says proudly and puts his arm around Anya.

"Ah! So you've finally decided **to tie the knot.**" Jurgen grins. "It's about time, too. Pleased to meet you, Anya."

They finish their greetings and start to chat. Soon a few other people join them, and everybody is laughing and **recalling antics** from their high school days.

After a while, the **master of ceremonies taps** on a glass to get everybody's **attention**, and the **buzz** of conversation **dies down**. He welcomes the guests and starts by **recollecting** some of the **highlights** of their last school year. Then he calls the teachers to join him on the small **platform** he is standing on. He says something interesting or **funny** about each teacher, and everybody **claps** and cheers after each story. He finishes his speech and asks the guests to take their seats for dinner.

"Anya, das sind Mina und Jürgen. Mina und Jürgen, das ist Anya, meine Frau", sagt er stolz und legt seinen Arm um Anya.

"Ah! Sie haben sich also endlich entschlossen, **den Bund fürs Leben zu schließen**, damit es nicht wegschwimmt." Jürgen grinst. "Wurde auch langsam Zeit. Freut mich sehr, Anya."

Sie beenden ihre Begrüßung und beginnen zu plaudern. Bald gesellen sich ein paar andere Leute dazu, und alle lachen und **erinnern** sich an **Possen** aus ihrer Hochschul-Zeit.

Nach einer Weile **klopft der Zeremonienmeister** auf ein Glas, um die **Aufmerksamkeit** aller zu erhalten, und das **Gesprächsgewirr verstummt.** Er begrüßt die Gäste und beginnt damit, einige der **Höhepunkte** des letzten Schuljahres **Revue passieren zu lassen.** Dann fordert er die anwesenden Lehrer auf, sich zu ihm auf das kleine **Podest** zu stellen, auf dem er steht. Er sagt etwas Interessantes oder **Lustiges** über jeden Lehrer, und alle **klatschen** und jubeln nach jeder Geschichte. Er beendet seine Rede und bittet die Gäste, ihre Plätze zum Abendessen einzunehmen.

to tie the knot – den Bund fürs Leben schließen, heiraten; to tie – binden, befestigen, knüpfen; knot – der Knoten
to recall – erinnern, gedenken
antic – lachhaft, die Posse
master of ceremonies – der Zeremonienmeister
to tap – klopfen, anzapfen, tippen
attention – die Aufmerksamkeit, die Achtung, die Beachtung
buzz – das Stimmengewirr, das Brummen, das Schwirren, das Summen
to die down – erlöschen; to die – sterben, ersterben
to recollect – sich erinnern
highlight – der Höhepunkt
platform – das Podest, die Bühne [Podium]
funny – lustig, witzig
to clap – klappen, klatschen

They move toward the tables and everybody starts looking for their place cards to see where they have been seated.

Mina finds her and Jurgen's names and sees that Martha and Anna are seated at their table. She **whispers** to Jurgen, "There's **no way** I'm sitting with these two. Help me, quick."

Jurgen **catches on immediately**, and they quickly **swap** the name cards with two cards from another table. This causes some **confusion** because they forget to swap the partner's cards as well. Mina **giggles** as Martha and Anna stand around looking confused because they appear to be seated with the wrong partners.

One of the waiters sees the confusion and quickly **sorts the matter out**.

Sie bewegen sich auf die Tische zu, und jeder beginnt, nach seinen Tischkarten zu suchen, um zu sehen, wo er Platz genommen hat.

Mina findet ihre und Jürgens Namen und sieht, dass Martha und Anna an ihrem Tisch sitzen. Sie **flüstert** Jürgen zu: "Mit den beiden sitze ich **auf keinen Fall** zusammen. Hilf mir, schnell."

Jürgen **merkt** das **sofort**, und sie **tauschen** schnell die Namenskarten mit zwei Karten von einem anderen Tisch. Das sorgt für einige **Verwirrung**, weil sie vergessen, auch die Karten des Partners zu tauschen. Mila **kichert**, während Martha und Anna verwirrt herumstehen, weil sie **anscheinend** mit den falschen Partnern zusammensitzen.

Einer der Kellner sieht die Verwechslung und **bringt die Sache schnell in Ordnung**.

He comes **to collect** Martha and Anna's partner's place cards and swaps them around so that the right partners are together again.

Er kommt, um die Tischkarten der Partner von Martha und Anna **einzusammeln**, und vertauscht sie so, dass die richtigen Partner wieder zusammen sind.

to whisper – flüstern, wispern
no way – auf gar keinen Fall
to catch on – begreifen, kapieren
immediately – sofort, gleich, unmittelbar
to swap - wechseln, tauschen
confusion – die Unordnung, die Verschmelzung, die Verwirrung, die Bestürzung
to giggle – kichern
to appear – erscheinen, auftauchen, scheinen
to sort out a matter – eine Angelegenheit klären; to sort [out] – klären, ordnen, sortieren; matter – die Angelegenheit, der Fall, der Gegenstand, der Stoff, die Sache
to collect – sammeln, abholen

The food is delicious and the company at their table is **jovial**. There's lots of laughter and **jokes throughout** the meal, and everybody has a **wonderful** time.

Das Essen ist köstlich, und die Gesellschaft an ihrem Tisch ist **fröhlich**. **Während** des **Essens** wird viel gelacht und **gescherzt**, und alle haben eine **wunderbare** Zeit.

On the way home, Jurgen laughs as he says to Mina, "You did it again. I thought you promised you wouldn't cause trouble with Martha and Anna."

Auf dem Heimweg lacht Jürgen, als er zu Mila sagt: "Du hast es wieder getan. Ich dachte, du hättest versprochen, keinen Ärger mit Martha und Anna zu machen."

Mina giggles. "At least I didn't spill wine on one of them. You should **commend** me for that."

Mila kichert. "Wenigstens habe ich keinen Wein auf eine von ihnen verschüttet. Dafür solltest du mich **loben**."

They had a lot of fun and both agree that they should **definitely attend** the next reunion.

Sie hatten eine Menge Spaß und sind sich einig, dass sie **auf jeden Fall** am nächsten Treffen **teilnehmen** sollten.

jovial – fröhlich
joke – der Scherz
throughout – durchweg
wonderful – wunderbar, wundervoll, wunderschön
meal – die Mahlzeit, das Essen
to commend – loben
definitely – bestimmt, absolut, durchaus, definitiv
to attend – teilnehmen, anwesend sein

Story 9: A Traumatic Car Accident
Geschichte 9: Ein traumatischer Auto-Unfall

Elias, Paul, Mia, and Leone are on their **way back** to college after a wonderful holiday. Paul is **driving** and Elias is in the **passenger seat** beside him. Mia and Leone are in the **back seat**.

They are **driving along** the **expressway**, and the traffic is heavy. Paul is **maintaining** the **speed limit**, but some of the other cars come **zooming** past them at a very **high speed**.

Elias says to Paul, "These people are really **careless** to be driving so **fast**. That car has a child in the backseat. Just look at the speed they're going."

"What's the **worst** is that they cause **accidents** where **innocent** people **get** badly **hurt**," Paul says. "That is why I **stick to** the speed limit. I wouldn't like for someone to be **injured** or **killed** because of me."

Elias, Paul, Mia und Leone sind nach einem wunderschönen Urlaub auf dem **Weg zurück** zum College. Paul **fährt**, und Elias sitzt auf dem **Beifahrersitz** neben ihm. Mia und Leone sitzen auf dem **Rücksitz**.

Sie **fahren auf** der Schnellstraße, und der Verkehr ist dicht. Paul **hält** sich an die **Geschwindigkeitsbegrenzung**, aber einige der anderen Autos kommen mit sehr **hoher Geschwindigkeit** an ihnen vorbei **gerauscht**.

Elias sagt zu Paul: "Diese Leute sind wirklich **unvorsichtig**, so **schnell** zu fahren. In dem Auto sitzt ein Kind auf dem Rücksitz. Sieh dir nur mal an, wie schnell die fahren."

"Das **Schlimmste** ist, dass sie **Unfälle** verursachen, bei denen **unschuldige** Menschen schwer **verletzt werden**", sagt Paul. "Deshalb **halte** ich mich an das Tempolimit. Ich möchte nicht, dass jemand meinetwegen **verletzt** oder **getötet** wird."

way back – die Rückreise, der Rückweg
to drive, drove, driven – fahren, schlagen, stoßen
passenger seat – der Beifahrersitz
back seat – der Rücksitz
to drive along sth. – etw. entlangfahren, vorantreiben, befahren; along – entlang
expressway – die Autobahn, die Schnellstraße
to maintain – beibehalten, aufrechterhalten
speed limit – die Geschwindigkeitsbegrenzung
to zoom – rasen, sausen, gasen

high speed – die hohe Geschwindigkeit
careless – achtlos sorglos, unvorsichtig
fast – schnell
worst – schlechteste, schlimmste
accident – der Zufall, der Unfall
innocent – unschuldig, schuldlos
to get hurt – verletzt werden
to stick to sth. – an etw. festhalten; to stick, stuck, stuck – stecken, kleben, halten
to injure – verletzen, beleidigen, schaden
to kill – töten

Leone is playing games on her phone. Mia **is bored** and decides **to take a nap**. She **unfastens** her **seatbelt** to be more comfortable. Leone notices this and looks up from her game.

"Mia, you shouldn't unfasten your seatbelt. What if something happens and there's an accident? You'll be **flung** from the car. Please **put it** back **on**."

"Don't be **silly**. Paul is a good driver. I'm going to take a nap. Wake me when we **approach** the city." Mia **rolls** her jacket into a ball to form a **cushion** for her head and **makes** herself **comfortable**. Soon she is asleep.

They have about an hour's driving left. The sun is beginning to set and Paul **turns on** his **headlights**. He looks in his **rearview mirror** and sees a car approaching them at a very high speed.

Leone spielt Spiele auf ihrem Telefon. Mia ist **gelangweilt** und beschließt, ein **Nickerchen zu machen**. Sie **schnallt** ihren **Sicherheitsgurt ab**, um bequemer zu sitzen. Leone bemerkt dies und schaut von ihrem Spiel auf.

"Mia, du solltest deinen Sicherheitsgurt nicht lösen. Was ist, wenn etwas passiert und es einen Unfall gibt? Du würdest aus dem Auto **geschleudert** werden. Bitte **lege** ihn wieder **an**."

"Sei nicht **albern**. Paul ist ein guter Fahrer. Ich werde ein Nickerchen machen. Weck mich, wenn wir uns der Stadt **nähern**." Mia rollt ihre Jacke zu einem Ball zusammen, um ein **Kissen** für ihren Kopf zu bilden, und **macht** es **sich bequem**. Bald ist sie eingeschlafen.

Sie haben noch etwa eine Stunde Fahrt vor sich. Die Sonne beginnt unterzugehen, und Paul **schaltet** seine **Scheinwerfer ein**. Er schaut in seinen **Rückspiegel** und sieht ein Auto, das sich ihnen mit sehr hoher Geschwindigkeit nähert.

He says to Elias. "Wow! **Look behind** us. That guy is **crazy**! He'll have to **slow down**. There's no **room to overtake** us here."

Er sagt zu Elias. "Wow! **Schau** mal **hinter** uns. Der Typ ist **verrückt**! Er muss **langsamer** werden. Hier ist kein **Platz**, um uns zu **überholen**."

to be bored – gelangweilt sein
to take a nap – ein Nickerchen machen, ein Schläfchen machen
to fasten – befestigen, festmachen, anschnallen
seatbelt – der Sicherheitsgurt
to fling, flung, flung – schleudern, werfen
to put sth. on – etw. anlegen, etw. anschnallen
silly – albern, dumm
to approach – sich nähern, näher kommen, annähern, herangehen, erreichen
cushion – das Kissen
to make oneself comfortable – es sich bequem machen
to turn on – anschalten, einschalten
headlights – Scheinwerfer
rearview mirror – der Rückspiegel
to look behind – nach hinten schauen zurückblicken
crazy – verrückt, fetzig, wahnsinnig
to slow down – abbremsen, verlangsamen
room – der Platz, das Zimmer
to overtake sb. – jdn. überholen

Elias turns around and looks through the **back window**. The car is almost upon them. It isn't slowing down or making any effort to overtake them. He **yells**, "Get out of the way, Paul! We're going to **crash**!"

Elias dreht sich um und schaut durch die **Heckscheibe**. Das Auto ist fast hinter ihnen. Es wird nicht langsamer und macht auch keine Anstalten, sie zu überholen. Er **schreit**: "Geh aus dem Weg, Paul! Wir werden einen **Unfall** bauen!"

Paul pushes the gas pedal **all the way** to the floor and the car **lurches** forward. He's trying **to speed up** to get out of the way. He can't **swerve** because there are cars on either side of him.

Paul drückt das Gaspedal **ganz durch**, und der Wagen **schlingert** vorwärts. Er versucht zu **beschleunigen**, um **auszuweichen**. Er kann nicht ausweichen, weil auf beiden Seiten Autos stehen.

He has nowhere to go unless he can get **past** one of them.

Elias is yelling, "Go, Paul! Go! Go!" He's pushing at the **dashboard** with both his hands **as if** that will make the car go faster.

Leone has **dropped** her phone and is looking around to see what is happening.

Mia has woken up from the **commotion**. "What's going on?" she **cries out**.

"We're going to crash!" Leone **screams** and **covers** her face with her hands.

Er kann nirgendwo hin, es sei denn, er kann an einem von ihnen vorbeikommen.

Elias schreit: "Geh, Paul! Geh! Geh!" Er drückt mit beiden Händen auf das **Armaturenbrett**, **als ob** das Auto dadurch schneller fahren würde.

Leone hat ihr Telefon **fallen lassen** und schaut sich um, um zu sehen, was los ist.

Mia ist von dem **Trubel** aufgewacht. "Was ist hier los?", **ruft** sie.

"Wir werden abstürzen!", **schreit** Leone und **bedeckt** ihr Gesicht mit den Händen.

back window – die Heckscheibe
to yell – schreien, brüllen, kreischen
crash – der Absturz, der Krach, der Unfall
all the way – die ganze Strecke
to lurch – taumeln, torkeln, schlingern
to speed up – die Geschwindigkeit erhöhen, beschleunigen
to swerve – ausweichen, sich [plötzlich] seitwärts wenden
past – vorbei
dashboard – das Armaturenbrett
as if – als ob, als wenn, wie wenn
to drop – abwerfen, sinken, fallen lassen, hinwerfen
commotion – der Tumult, die Aufregung
to cry out – aufschreien, herausschreien
to scream – schreien, brüllen, kreischen
to cover – decken, bedecken, überziehen, umfassen

Paul manages to **accelerate** fast enough to get past the car on his right. If he can swerve into the next lane, he may be able **to get** them **out of harm's** way. He **desperately** pulls at the **steering wheel**, but it's **too late**.

Paul schafft es, schnell genug zu **beschleunigen**, um an dem Auto rechts von ihm vorbeizukommen. Wenn er auf die nächste Spur ausweichen kann, schafft er es vielleicht, sie **in Sicherheit zu bringen. Verzweifelt** reißt er am **Lenkrad**, aber es ist **zu spät**.

He only manages **to cross half-way** into the **lane** when the **oncoming** car **hits** them.

It crashes into the left **rear end** of their car with full force. The four young people **inside** the car hear the **sickening crunch** of steel on steel, and then everything starts to happen in **slow motion** for them.

The **impact** has caused their car to start **swaying** across the road in a wild, uncontrolled **spin**. The four young people are being **thrown around** like crash test dummies. The door on Mia's side is **missing** and Leone has **grabbed** her around the **waist**. She is desperately **hanging on** to her to stop her from being thrown from the car.

Er schafft es nur, **halb** auf die **Fahrbahn** zu **wechseln**, als das **entgegenkommende** Auto sie trifft.

Er **kracht** mit voller Wucht in das **linke Heck** ihres Autos. Die vier jungen Leute **im** Auto hören das **unangenehme Knirschen** von Stahl auf Stahl, und dann beginnt für sie alles in **Zeitlupe** zu laufen.

Durch den **Aufprall** ist ihr Auto in eine wilde, unkontrollierte **Schleuderbewegung** quer über die Straße **geraten**. Die vier jungen Leute werden **herumgeschleudert** wie Crash-Test-Dummys. Die Tür auf Mias Seite **fehlt**, und Leone hat sie um die Taille **gepackt**. Verzweifelt **hält** sie sich an ihr **fest**, damit sie nicht aus dem Auto geschleudert wird.

to accelerate – beschleunigen
to get sb. out of harm's way – jdn. in Sicherheit bringen; harm – der Schaden, der Nachteil, das Leid, das Unglück
desperate – verzweifelt, hoffnungslos, aussichtslos
steering wheel – das Lenkrad
too late – zu spät
to cross – überqueren, kreuzen, verschränken
halfway – teilweise, halbwegs
lane – die Fahrbahn, die Gasse, der Weg
oncoming – entgegenkommend
to hit, hit, hit – schlagen, erfassen, treffen, anstoßen
rear end – das Hinterteil, das rückwärtiges Ende
inside – innen, innerhalb, drinnen
sickening – ekelhaft
crunch – das Knirschen
slow motion – die Zeitlupe; motion – die Bewegung
impact – der Zusammenprall, der Anstoß, der Anprall, der Aufprall
to sway – schwenken, schaukeln, hin und her bewegen

spin – die Drehung, der Dreh, der Drall
to throw around – herumwerfen; to throw, threw, thrown – werfen, schmeißen, drehen
to miss – missen, vermissen, fehlen, verfehlen, verpassen, fehlschlagen
to grab – greifen, ergreifen, packen, schnappen
waist – die Taille
to hang on to sb./sth. – jdn./etw. festhalten

The car hits the **barrier** wall and becomes **airborne**. For a single moment, there is just a **rushing** sound, and then the car hits the ground with a **thud** and begins to roll.

The car **tumbles** and **bounces** across the expressway toward the **shoulder** of the **road**. **Bits and pieces fly off** it every time it hits the **surface**. All the doors are missing and there is metal and glass flying around everywhere.

Leone can't hold on to Mia any longer. She is **flung** from the **vehicle** as it **flips over** for the last time before beginning **to slide** on its **roof** toward the trees at the side of the road.

There is one last thud, **accompanied** by the **creaking** sound of **tortured** metal as the car comes to a **standstill against** a tree.

Leone and Elias are **unconscious**. Paul is **hanging upside down** from his seatbelt with blood **dripping** down his face. He is **conscious** but in a lot of pain. Mia is lying beside the road. She is not moving at all.

Das Auto prallt gegen die **Begrenzungswand** und wird in die **Luft geschleudert**. Einen Moment lang ist nur ein **Rauschen** zu hören, dann schlägt das Auto mit einem **dumpfen Schlag** auf dem Boden auf und beginnt zu rollen.

Das Auto **taumelt** und **prallt** über die Schnellstraße auf den **Seitenstreifen**. Bei jedem Aufprall auf die **Oberfläche fliegen Bruchstücke** davon. Alle Türen fehlen und überall fliegt Metall und Glas herum.

Leone kann sich nicht mehr an Mia festhalten. Sie wird aus dem **Fahrzeug geschleudert**, als es sich ein letztes Mal **überschlägt** und auf dem **Dach** in Richtung der Bäume am Straßenrand zu **rutschen** beginnt.

Es gibt einen letzten Aufprall, **begleitet** vom **knarrenden** Geräusch **gequälten** Metalls, als das Auto **an** einem Baum zum **Stillstand** kommt.

Leone und Elias sind **bewusstlos**. Paul **hängt kopfüber** an seinem Sicherheitsgurt, Blut **tropft** über sein Gesicht. Er ist bei **Bewusstsein**, hat aber starke Schmerzen. Mia liegt neben der Straße. Sie bewegt sich überhaupt nicht.

barrier – die Barriere, die Grenze
airborne – luftgetragen, luftgestützt
rush – die Eile, die Hektik, der Rausch
thud – der dumpfer Aufschlag
to tumble – taumeln, fallen, stürzen
to bounce – prallen
road shoulder – das Bankett, der Fahrbahnrand, die Straßenschulter
bits and pieces – Kleinteile, Stückchen
to fly off – davonfliegen; to fly, flew, flown – fliegen
surface – die Oberfläche, die Fläche
to fling, flung, flung – schleudern, werfen
vehicle – das Fahrzeug
to flip sth. over – etw. umschlagen
to slide – gleiten, rutschen
roof – das Dach
to accompany – begleiten, einhergehen, mitgehen
creaking – knarrend
torture – die Folter, die Qual
standstill – Stillstand
against – gegen, entgegen, auf
unconscious – bewusstlos, unbewusst
to hang, hung, hung – hängen, aufhängen
upside down – kopfüber, umgedreht [auf den Kopf gestellt]
to drip – tröpfeln
conscious – bewusst, bei Bewusstsein

Cars begin to stop and people come running toward the **wreck**. Somebody starts **pulling** Elias **out** of the car, but another person stops them.

"Don't! His back could be broken and you'll just hurt him. It doesn't look as if the car will **ignite**. Wait for the **emergency services**," the person says.

Soon the **entire area** is a **hive** of activity with red and blue lights **flashing**.

Autos beginnen zu stoppen, und Menschen kommen auf das **Wrack** zugelaufen. Jemand beginnt, Elias aus dem Auto zu **ziehen**, aber eine andere Person hält sie auf.

"Tun Sie das nicht! Sein Rücken könnte gebrochen sein, und du tust ihm nur weh. Es sieht nicht so aus, als würde sich das Auto **entzünden**. Warten Sie auf die **Rettungskräfte**", sagt die Person.

Bald ist das **ganze Gebiet** ein Bienenstock von Aktivität mit **blinkenden** roten und blauen Lichtern.

There are three **ambulances** and several police cars. They are waiting for the **jaws of life** so that they can free the **victims** from the wreck.

Paul is **groaning** at his safety belt, trying to free himself. He can move his legs slightly, but they are stuck in the **twisted** metal. One of the **paramedics** is sitting on his **haunches** beside the car, talking to him.

Es gibt drei **Krankenwagen** und mehrere Polizeiautos. Sie warten auf den **Rettungsdienst**, damit sie die **Opfer** aus dem Wrack befreien können.

Paul **stöhnt** an seinem Sicherheitsgurt, versucht, sich zu befreien. Er kann seine Beine leicht bewegen, aber sie stecken in dem **verdrehten** Metall fest. Einer der **Sanitäter** sitzt auf seinen **Beinen** neben dem Auto und spricht mit ihm.

wreck – das Wrack, das Unglück
to pull out – ausfahren, zurückziehen, herausziehen, herausreißen
to ignite – anzünden, zünden, Feuer fangen
emergency service – der Notdienst, der Notfalldienst
entire area – das ganze Gebiet
hive – das Bienenhaus
to flash – aufblinken, blinken, blitzen, flitzen
ambulance – die Ambulanz, der Krankenwagen
jaws of life – der Rettungsdienst; jaw – der Kiefer
victim – das Opfer
groan – das Stöhnen, das Ächzen, das Röcheln
to twist – verziehen, verdrehen, verbiegen, verflechten
paramedic – der Sanitäter, der Notfallsanitäter, der Rettungssanitäter
haunch – die Hüfte

"**Hang in** there, buddy," he says. "We'll get you out of here soon."

Mia has already been **loaded** into an ambulance and is on her way to the hospital. She has been **severely** injured, but she will live.

The jaws of life arrive, and they carefully **extracted** the young people from the crumpled wreck. All three have **multiple fractures** and **cuts** and **bruises**, but they will **survive**.

"**Halte durch**, Kumpel", sagt er. "Wir holen dich bald hier raus."

Mia wurde bereits in einen Krankenwagen **geladen** und ist auf dem Weg ins Krankenhaus. Sie wurde **schwer** verletzt, aber sie wird überleben.

Die Lebensretter treffen ein und **ziehen** die jungen Leute vorsichtig **aus** dem zerknautschten Wrack. Alle drei haben **mehrere Brüche**, **Schnittwunden** und **Prellungen**, aber sie werden **überleben**.

74

They hear later that the driver of the car that hit them had a **heart attack** while he was driving. He was **unconscious** and his foot was still on the gas pedal, which is why the car was going so fast. He survived both the heart attack and the accident.

Später erfahren sie, dass der Fahrer des Autos, das sie angefahren hat, während der Fahrt einen **Herzinfarkt** hatte. Er war bewusstlos und sein Fuß war noch auf dem Gaspedal, weshalb das Auto so schnell fuhr. Er überlebte sowohl den Herzinfarkt als auch den Unfall.

hang in there – halte durch
to load – laden, beladen
severely – streng, schwer, stark, hart
to extract – herausziehen
multiple – mehrere, mehrfach
fracture – der Bruch, der Knochenbruch
cut – der Schnitt, die Schnittwunde
bruise – der Bluterguss
to survive – überleben, überstehen, durchstehen, bestehen
heart attack – der Herzattacke, der Herzinfarkt, der Herzanfall

Story 10: A Bridal Shower
Geschichte 10: Eine Brautparty

Jake and Olivia are getting married soon. Olivia's best friend, Ella, is planning her **bridal shower**. She uses the messaging app on her phone and **creates** a group for all the guests that she is inviting. They will **discuss** the **arrangements** in the group.

Ella invites several of Olivia's friends **as well as** the two future **mother-in-laws**, Veronica and Amanda. Veronica is Olivia's mother, and Amanda is Jake's mother. The two older women get along well with **each other**, and they are happy that their children are going to get married.

Jane, Sheena, Ruth, and Carla accept the invitation, and of course, Veronica and Amanda would **not** miss it **for the world**. They start discussing the details in the group via the messaging app.

Jake und Olivia werden bald heiraten. Olivias beste Freundin, Ella, plant ihre **Brautparty**. Sie verwendet die Messaging-App auf ihrem Telefon und **erstellt** eine Gruppe für alle Gäste, die sie einlädt. In der Gruppe **besprechen** sie die **Vorbereitungen**.

Ella lädt einige von Olivias Freunden **sowie** die beiden zukünftigen **Schwiegermütter** Veronica und Amanda ein. Veronica ist die Mutter von Olivia, und Amanda ist die Mutter von Jake. Die beiden älteren Frauen kommen gut **miteinander** aus und freuen sich, dass ihre Kinder heiraten werden.

Jane, Sheena, Ruth und Carla nehmen die Einladung an, und natürlich würden Veronica und Amanda das um **nichts in der Welt** verpassen. Sie beginnen, die Details in der Gruppe über die Messaging-App zu besprechen.

bridal shower – die Brautparty
to create – erschaffen
to discuss – diskutieren, besprechen, erörtern
arrangement – die Abmachung, die Vorbereitung
as well as – sowohl ... als auch, wie, sowie
mother-in-law – die Schwiegermutter
each other – einander, gegenseitig
not for the world – um nichts in der Welt

Jane wants everybody **to chip in** and buy an **expensive gift** from all of them, but the others say they would each **prefer** to buy their own gift.

Jane möchte, dass alle **zusammenlegen** und ein **teures Geschenk** von allen kaufen, aber die anderen sagen, dass jeder **lieber** sein eigenes Geschenk kaufen würde.

Ella asks everybody to send **suggestions** for games that can be played at a bridal shower, and the ideas start **rolling in**. Soon they have a long list of games. The guests **vote to decide** which three games they will play.

Two weeks before the party, Ella **books a table** for them at a restaurant on a **wine farm** where they can sit **outside** on the **deck** under large umbrellas.

It is the day of the bridal shower. Ella and Jane went to the restaurant half an hour before the **agreed time** to decorate the table. Pretty pink and white balloons filled with helium are **tied** to the umbrellas with **ribbons**, and they **bob** about in the light **breeze**.

Ella bittet alle, **Vorschläge** für Spiele zu schicken, die auf einer Brautparty gespielt werden können, und die Ideen fangen an **einzutrudeln**. Bald haben sie eine lange Liste von Spielen. Die Gäste **stimmen ab**, um zu **entscheiden**, welche drei Spiele sie spielen werden.

Zwei Wochen vor der Party **reserviert** Ella für sie **einen Tisch** in einem Restaurant auf einem **Weingut**, wo sie **draußen** auf der **Terrasse** unter großen Sonnenschirmen sitzen können.

Es ist der Tag der Brautparty. Ella und Jane sind eine halbe Stunde vor der **vereinbarten Zeit** ins Restaurant gegangen, um den Tisch zu dekorieren. Hübsche rosa und weiße, mit Helium gefüllte Luftballons sind mit **Bändern** an den Schirmen **befestigt** und **wippen** in der leichten **Brise**.

to chip in for sth. – für etw. zusammenlegen [gemeinsam die erforderliche Geldsumme aufbringen]
expensive gift – teures Geschenk
to prefer – lieber wollen, bevorzugen, vorziehen
suggestion – die Anregung, der Himweis, die Andeutung, der Vorschlag
to roll in – hereinrollen, eintrudeln, hereinkommen, hereinströmen
to vote to do sth. – dafür sein/stimmen, etw. zu tun
to decide – entscheiden, bestimmen, beschließen
to book a table – einen Tisch bestellen; to book – buchen, reservieren, ordern
wine farm – das Weingut
outside – außerhalb, außen, draußen
deck – die Terrasse, das Deck, das Schiffsdeck
agreed time – vereinbarte Zeit
to tie – binden, befestigen, knüpfen
ribbon – das Band, die Schleife, der Streifen

to bob – sich rasch auf und ab bewegen
breeze – die Brise

Ella has also found a huge **heart-shaped** balloon and another one that looks like a diamond ring. They are attached to the seat where Olivia is going to sit.

Cute **porcelain rabbits** with **pink bows** tied around their necks **serve** as **paperweights** for the **napkins**, and there are **tiny vials** with **bubble blowers** at each **setting**.

All the guests are already seated. Ella arrives with Olivia, and everybody gets up and cheers. Olivia looks **amazing**. Ella has put a **bridal crown** on her head, and she's wearing a pink **sash** that reads "**Bride to Be.**"

The waiter pours champagne into long glasses, and Ella makes a **toast** to the future **couple**. Everybody takes their vials with bubble blowers and they blow bubbles toward Olivia.

Ella hat auch einen riesigen **herzförmigen** Ballon gefunden und einen weiteren, der wie ein Diamantring aussieht. Sie sind an dem Sitz befestigt, auf dem Olivia sitzen wird.

Niedliche **Porzellanhasen** mit **rosa Schleifen** um den Hals **dienen** als **Briefbeschwerer** für die **Servietten**, und auf jedem **Platz** stehen **kleine** Fläschchen mit **Seifenblasen**.

Alle Gäste haben bereits Platz genommen. Ella kommt mit Olivia an, und alle stehen auf und jubeln. Olivia sieht **umwerfend** aus. Ella hat sich eine **Brautkrone** auf den Kopf gesetzt und trägt eine rosa Schärpe, auf der "**Braut zu sein**" steht.

Der Kellner gießt Champagner in lange Gläser, und Ella **stößt** auf das zukünftige **Paar** an. Jeder nimmt seine Fläschchen mit Seifenblasen, und sie blasen Seifenblasen in Richtung Olivia.

heart-shaped – herzförmig
porcelain rabbit – das Porzellankaninchen
pink bow – rosa Schleife
to serve – dienen, versorgen
paperweight – der Briefbeschwerer
napkin – die Serviette
tiny – winzig, sehr klein
vial – das Fläschchen
bubble blower – Seifenblasen
setting – das Gedeck
amazing – erstaunlich, verblüffend, fantastisch
bridal crown – die Brautkrone

sash – die Schärpe
Bride to Be – die zukünftige Braut
toast – der Toast [Trinkspruch]
couple – das Paar

Now it's time for the games.

Ella has bought tiny **laundry pegs**, and everybody attaches one to their clothes. **Whenever** someone says one of the bridal couple's names, and they are **caught out**, they have to **remove** their peg and **pass** it on to the one who caught them out. This game is **ongoing** and lasts until the end of the shower. **Every now and then**, there are cries of "Got you! Give me your peg!" and everybody laughs. In the end, Amanda has all the pegs and she is **declared** the **winner**.

Jane has prepared a small box with multicolored **slips** of paper. Each guest has to write down three suggestions for interesting activities for the couple to go on when they are **bored**. Olivia has to read them out when everyone is done. The **suggestions range** from moonlight picnics to playing **hopscotch** to **baking pancakes** and seeing who can throw them the highest into the air.

Jetzt ist es Zeit für die Spiele.

Ella hat kleine **Wäscheklammern** gekauft, und jeder befestigt eine an seiner Kleidung. **Immer wenn** jemand einen Namen des Brautpaares sagt und dabei **ertappt** wird, muss er seine Wäscheklammer **abnehmen** und ihn an den **weitergeben**, der ihn ertappt hat. Dieses Spiel **geht weiter** und dauert bis zum Ende der Dusche. **Ab und zu** gibt es Rufe wie "Hab ich dich! Gib mir deinen Klammer!", und alle lachen. Im Endeffekt hat Amanda alle Klammern und wird zur **Siegerin erklärt**.

Jane hat eine kleine Box mit bunten **Zetteln** vorbereitet. Jeder Gast muss drei Vorschläge für interessante Aktivitäten aufschreiben, die das Paar unternehmen kann, wenn ihnen **langweilig** ist. Olivia muss sie vorlesen, wenn alle fertig sind. Die **Vorschläge reichen** von Picknicks bei Mondschein über **Himmel und Hölle** bis hin zu **Pfannkuchen** backen und sehen, wer sie am höchsten in die Luft werfen kann.

laundry peg – die Wäscheklammer
whenever – wann immer
to catch out – ertappen
to remove – entfernen, beseitigen, lösen, abnehmen
to pass sth. on – etw. weitergeben
ongoing – fortlaufend, andauernd
every now and then – ab und zu, ab und an, dann und wann

to declare – erklären, deklarieren, behaupten, kundtun, bekanntgeben
winner – der Sieger, der Gewinner
slip – der Zettel
to bore – langweilen
suggestion range – die Vorschlagsbereich
hopscotch – das Hüpfspiel [Himmel und Hölle]
pancake – der Eierkuchen, der Pfannkuchen

Sheena has brought a **string of wooden hearts**, and every guest writes a **message** for the new couple on one of the hearts. Olivia reads them out and she gets tears in her eyes because the messages are so beautiful.

The last game is **the most** fun. Ella has prepared a list of questions for Olivia to answer. The questions are about Jake to see how well Olivia knows him. When she prepared the questions, Ella asked Jake for the answers, and she has them with her.

Each guest reads out a question and Olivia has to answer it. Ella reads out the first question. "Olivia," she says, "when do you think Jake realized that he wanted **to marry** you?"

Olivia isn't **sure**. She asks, "Was it at a specific **event** that we attended?"

"Yes, it was at a party."

Sheena hat eine **Kette** von **Holzherzen** mitgebracht, und jeder Gast schreibt eine **Nachricht** für das neue Paar auf eines der Herzen. Olivia liest sie vor, und sie bekommt Tränen in den Augen, weil die Nachrichten so schön sind.

Das letzte Spiel ist der **größte** Spaß. Ella hat eine Liste mit Fragen vorbereitet, die Olivia beantworten soll. Die Fragen sind über Jake, um zu sehen, wie gut Olivia ihn kennt. Als sie die Fragen vorbereitet hat, hat Ella Jake nach den Antworten gefragt, und sie hat sie bei sich.

Jeder Gast liest eine Frage vor, und Olivia muss sie beantworten. Ella liest die erste Frage vor. "Olivia", sagt sie, "wann, glaubst du, hat Jake verstanden, dass er dich **heiraten** will?"

Olivia ist sich nicht **sicher**. Sie fragt: "War es bei einer bestimmten **Veranstaltung**, die wir besucht haben?"

"Ja, es war auf einer Party."

string – die Schnur, die Saite, die Kette, die Reihe
wooden heart – das Holzherz
message – die Nachricht
the most – der/die/das meiste
to marry – heiraten

to be sure of sth. – sich etw. sicher sein
event – das Ereignis, die Veranstaltung, der Fall

Olivia and Jake go to a lot of parties. She takes a few **guesses**, but she keeps **getting it wrong**.

Ella gives her a **hint**. "The party was at Alvin's house. I was there, and so was Jane." Alvin is Jake's best friend.

"Ah! I know," Olivia says. "It was at the New Year's party two years ago."

"Correct!" Ella cries out and everybody cheers.

The questions continue, and Olivia **gets most of** them right. She really knows Jake well.

The games are over, and it's time for brunch to be served. They have a **choice** between **eggs** Benedict with Parma **ham** or smoked salmon trout and an English breakfast with grilled steak, bacon, mushrooms, fried tomato, and hash browns. Everybody agrees that the English breakfast **sounds like way too much** food, and they all order eggs Benedict.

Olivia und Jake gehen auf viele Partys. Sie stellt ein paar **Vermutungen** an, aber sie **liegt** immer wieder **falsch**.

Ella gibt ihr einen **Hinweis**. "Die Party war in Alvins Haus. Ich war da und Jane auch." Alvin ist Jakes bester Freund.

"Ah! Ich weiß", sagt Olivia. "Es war auf der Neujahrsparty vor zwei Jahren."

"Richtig!", ruft Ella aus, und alle jubeln.

Die Fragen gehen weiter, und Olivia bekommt **die meisten** davon richtig. Sie kennt Jake wirklich gut.

Die Spiele sind vorbei, und es ist Zeit für den Brunch, der serviert wird. Sie haben die **Wahl** zwischen **Eiern** Benedict mit **Parmaschinken** oder geräucherter Lachsforelle und einem englischen Frühstück mit gegrilltem Steak, Speck, Pilzen, gebratener Tomate und Rösti. Alle sind sich einig, dass das englische Frühstück nach **viel zu viel** Essen **klingt**, und sie bestellen alle Eier Benedict.

guess – die Vermutung, die Schätzung, die Annahme
to get sth. wrong – bei etw. einen Fehler machen
hint – der Hinweis, der Tipp, die Andeutung, die Spur
most of – das Meiste [davon]
choice – die Wahl, die Auswahl
egg – das Ei
ham – der Schinken
sounds like – klingt wie
way too much – viel zu viel, viel zu sehr

They have finished eating, and now it is time to hand out the gifts. The guests didn't put their names on the gifts, and Olivia has to guess who they are from.

Veronica has bought her a really **fancy pot** that can be used both inside the **oven** and on top of the **stove**, and **wrapped** it in white paper with a silver **lace design** and red hearts. Olivia knows **immediately** that it is from her mother.

Jane gives Olivia a **voucher** to have her hair done for the wedding, and Sheena gives her a voucher to have her nails done. Ruth and Carla have **clubbed together** to buy vouchers for an expensive couple's massage for Olivia and Jake. Ella has bought her a **potted plant** for their home and a bottle of expensive champagne for the first night of their **honeymoon**.

The two older women decide it is time for them to leave, and the younger set **stay behind** to drink more champagne and party **for a while**. Everyone agrees that it was a wonderful bridal shower.

Sie sind mit dem Essen fertig, und nun ist es Zeit, die Geschenke zu verteilen. Die Gäste haben ihre Namen nicht auf die Geschenke geschrieben, und Olivia muss raten, von wem sie sind.

Veronica hat ihr einen wirklich **ausgefallenen Topf** gekauft, der sowohl im **Ofen** als auch auf dem **Herd** verwendet werden kann, und ihn in weißes Papier mit einem silbernen **Spitzenmuster** und roten Herzen **eingewickelt**. Olivia weiß **sofort**, dass er von ihrer Mutter ist.

Jane schenkt Olivia einen **Gutschein**, um sich für die Hochzeit die Haare machen zu lassen, und Sheena schenkt ihr einen Gutschein, um sich die Nägel machen zu lassen. Ruth und Carla haben sich **zusammengetan**, um Gutscheine für eine teure Paarmassage für Olivia und Jake zu kaufen. Ella hat ihr eine **Topfpflanze** für ihr Zuhause und eine Flasche teuren Champagner für die erste Nacht ihrer **Flitterwochen** gekauft.

Die beiden älteren Frauen beschließen, dass es Zeit für sie ist, zu gehen, und die jüngere Gruppe **bleibt zurück**, um noch mehr Champagner zu trinken und **eine Weile** zu feiern. Alle sind sich einig, dass es eine wunderbare Bridal Shower war.

fancy – modisch, schick, ausgefallen, kunstwoll
pot – der Topf
oven – der Ofen
stove – der Herd

to wrap – einwickeln, einpacken, hüllen
lace design – das Spitzendesign, das Spitzenmuster
immediately – sofort, gleich, unmittelbar
voucher – der Gutschein
to club together – sich zusammentun
potted plant – die Topfpflanze
honeymoon – Flitterwochen
to stay behind – zurückbleiben
for a while – zeitweise, eine Weile, eine Zeitlang

Sehr geehrte Leserin, sehr geehrter Leser!

Sie haben die Kurzgeschichten nach der Methode der Paralleltexte gelesen. Das ist eine sehr alte Methode, aber menschliches Denken bleibt nicht stillstehen. Es wurde noch progressivere Methode zum Lesen von fremdsprachlichen Texten erfunden.

Es handelt sich dabei um eine völlig neue Lernmethode, die eine Verwendung von Wörterbüchern unnötig macht. Alle sprachlichen Informationen sind bereits im Text enthalten:

https://youtu.be/v65nrqQQUkM

Bücher mit dieser neuen Art der Adaption sind bereits in über Millionen von Exemplaren gedruckt, aber leider nicht in Deutschland.

Mit dieser neuen Methode können Sie fremdsprachliche Texte schneller lesen, der Leseprozess ist kontinuierlich. Es besteht keine Notwendigkeit, nach unbekannten Wörtern zu suchen. Neben der Übersetzung sind zum Text auch detaillierte lexikalische Kommentare hinzugefügt.

Als Bonus biete ich Ihnen die Erzählung "Das Gespenst von Canterville" des irischen Schriftstellers Oscar Wilde , die auf eine neue Art und Weise adaptiert wurde.

http://bit.ly/ghost_canterville

Alle Bücher können Sie hier finden:

https://www.amazon.de/Eugene-Suchanek/e/B0774ZWNCP

Inhalt

Printed in Poland
by Amazon Fulfillment
Poland Sp. z o.o., Wrocław

79954156R00049